토니 부잔의 마인드맵® 암기법

USE YOUR MEMORY (NEW EDITION) 01 EDITION by Tony Buzan.

ⓒ Copyright Tony Buzan 1984, 1986, 1989, 1995, 1996, 1997, 2000, 2003, 2006.
This translation of USE YOUR MEMORY (NEW EDITION) UNDERSTAND YOUR MIND
TO IMPROVE YOUR MEMORY A 01 Edition is
published by arrangement with Educational Publishers LLP, a joint venture
between Pearson Education Limited and the BBC Worldwide Limited.

Korean language edition copyright ⓒ 2010 by Korea Price Information, Corp.

이 책의 한국어판 저작권은 대니홍 에이전시를 통한 저작권자와의 독점 계약으로
(사)한국물가정보에 있습니다. 저작권법에 의해 한국 내에서 보호를 받는
저작물이므로 무단전재와 복제를 금합니다.

TONY BUZAN

토니 부잔의  마인드맵®

암기법

토니 부잔 지음 | 권봉중 옮김

비즈니스맵

CONTENTS

역자 서문 • 06
저자 소개 • 09
한국어판 저자 서문 • 11
저자 서문 • 14
들어가는 말 • 17
이 책의 구성 • 19

 슈퍼파워 메모리를 갖고 싶어요

1장 우리의 기억력은 완벽하다! • 23
2장 나의 현재 기억력은? • 34
3장 기억력의 역사 • 50
4장 슈퍼파워 메모리의 기본 원리 • 64
5장 쉽고도 재미있는 연결 기억법 • 72
6장 기억을 머릿속 옷걸이에 걸어라 1: 숫자-모양 기억법 • 77
7장 기억을 머릿속 옷걸이에 걸어라 2: 숫자-압운 기억법 • 88
8장 위대한 '로마인의 방' 기억법 • 96
9장 기억을 머릿속 옷걸이에 걸어라 3: 알파벳 기억법 • 101
10장 걸이못 기억법의 100배 활용법 • 109
11장 기억의 리듬을 타라 • 111

02 나도 기억술사가 될 수 있다! - '메이저 기억법'

12장 메이저 기억법이란? · 125
13장 메이저 기억법의 1000배 활용법 · 174
14장 기억의 마술사, 카드 기억법 · 177
15장 IQ를 훌쩍 높이는 긴 숫자 기억법 · 184
16장 숫자와 친해지는 전화번호 기억법 · 191
17장 '내 안에 다이어리 있다' - 스케줄과 약속 기억법 · 197
18장 천재들만 기억하는 20세기 요일 기억법 · 202
19장 역사의 달인이 되는 연대 기억법 · 208
20장 잊기 쉬운 생일, 기념일, 특별한 날짜 기억법 · 212
21장 기본 단어 100개로 해결하는 외국어 기억법 · 215

03 마인드맵으로 기억력 10배 끌어올리기

22장 마인드맵을 기억 노트로 활용하라 · 225
23장 사람 이름과 얼굴 기억해내기 · 228
24장 잊어버린 것 기억해내기 · 260
25장 공부한 것 기억해내기 · 264
26장 연설문, 조크, 희곡, 시, 기사, 책 기억해내기 · 269
27장 꿈 기억해내기 · 280
28장 미래를 위한 기억법 · 284

감사의 글 · 287
참고 문헌 · 288

역자 서문

많은 사람이 그렇듯이 나 역시 기억법이란 말을 떠올렸을 때 나와 같은 보통 사람과는 거리가 먼, 다른 세상 사람들이 사용하는 특별한 비법이라 여겨 내 삶과는 별개로 생각하고 있었다. 그러다 10여 년 전 마인드맵을 알게 된 계기로 토니 부잔의 기억법 관련 도서들을 접하면서 나의 이러한 생각이 잘못된 것이었음을 깨달았다. 기억법은 특별한 능력을 지닌 사람들이 사용하는 것이 아니라 누구나 활용할 수 있는 두뇌의 기본 기능임을 알게 된 것이다. 누구나 기억의 원리를 이해하면 자신만의 기억 키 이미지어로 기억법을 효과적으로 사용할 수 있다.

그 후 오랫동안 나는 기회가 되면 기억법의 원리와 사용 방법을 체계적으로 설명하는 토니 부잔의 기억법 관련 도서들을 우리나라 독자들에게 소개하게 되길 내심 기대하고 있었다. 다행히 비즈니스맵 출판사가 토니 부잔의 도서들을 국내에 번역 출간하는 것을 계기로 나는 작은 소망을 이루게 되었다.

돌이켜보면 학창 시절 나는 이미 기억법을 활용한 적이 있었다. 기억법이 무엇인지도 몰랐지만 영어 단어를 외울 때나 학습 내용을 기억하고자 할 때 이야기를 만들거나 어떤 이미지를 떠올린 다음 기억하려는 내용을 그 이미지와 결합하여 외우곤 했던 것이다. 그렇게 하면 나중에 뚜렷하게 기억이 잘 되었다. 하지만 왠지 정상적이지 않은 편법을 사용하여 기억하는 것만 같아서 곧 그렇게 공부하는 것을 그만두었다.

그 뒤로 까마득히 잊고 있다가 성인이 되어 토니 부잔의 기억법을 접하면서 학창 시절의 그 경험이 바로 기억법을 적용한 한 예였음을 깨닫게 되었다. 그때 좀 더 깊이 활용하면 좋았을 걸 하는 후회가 밀려왔지만 이미 때는 늦었다. 아마도 대부분의 사람이 나와 비슷한 경험을 했으리라 생각되는데, 나의 학창 시절 경험은 바로 자연스럽게 기억법으로 다가가는 출발이었다. 이처럼 기억법은 어려운 공식이 따로 있는 것이 아니라 누구나 접근할 수 있으며 쉽게 효과를 볼 수 있는 방법이다.

토니 부잔은 이 책에서 기억법의 역사와 원리를 설명하고 인류가 창안한 다양한 기억법을 소개하면서, 기억법이 특별한 재능을 지닌 사람만이 아니라 누구나 활용할 수 있고 일상생활에서도 활용할 수 있음을 마인드맵을 통해 알려준다.

이 책에서 소개하는 기억법들은 모두 영어라는 언어를 바탕으로 하는 기억 과정의 틀을 지니고 있다. 즉, 기억하고자 하는 것과 기억 키 이미지어 그리고 연상결합의 연결성 등 기억법의 기본 요소 모두 영어의 특성을 바탕으로 하고 있다. 따라서 우리는 기억법을 활용할 때 두 가지 방법을 취할 수 있다. 책에서 설명하는 방식 그대로 영어라는 언어 특성을 바탕으로 기억법을 활용하는 방법과, 그 방식의 틀을 그대로 유지하면서 기억 키 이미지어를 한글의 언어 특성을 바탕으로 기억법을 활용하는 방법이 그것이다. 두 번째 방법을 취하기 위해서는 우선 이 책에서 설명하는 기억술을 완전히 이해해야 하고, 그 다음 한글로 이루어진 자신만의 기억 키 이미지어를 만들 수 있어야 한다. 이 책에서 설명하는 여러 가지 기억법을 충분히 이해하고 연습한다면 두 번째 방법으로 자신의 기억법을 만드는 것이 그리 어려운 작업은 아닐 것이다.

고대 그리스 시대부터 지금까지 인류가 이루어놓은 기억술을 현대인, 그중에서도 한글을 사용하고 있는 우리가 얼마나 활용하느냐는 이제 각자의 몫이다. 이 책을 번역하면서 생긴 또 다른 작은 소망은 우리나라에서도 세계적인 기억술의 대가가 나오는 것이다. 그리고 그가 기억술의 대가가 되는 과정에 이 책이 미미하나마 영향을 미치기를 기대한다.

이 책을 읽는 모두가 기억법을 구구단처럼 언제든 활용할 수 있는 '기억 구구단'으로 사용하길 바란다.

권봉중(부잔센터코리아 대표이사)

*한국에서 토니 부잔의 지적재산권 관리와 마인드맵 관련 강좌는 부잔센터코리아에서 진행하고 있습니다. 마인드맵과 관련된 정보와 강좌는 부잔센터코리아(www.buzankorea.co.kr/(02)532-1278)로 문의하시기 바랍니다.

저자 소개

세계적으로 유명한 마인드맵® 창시자 토니 부잔은 개인이 이루었다고는 믿기 어려운, 다음과 같은 수많은 성과를 일궈냈다.

- 두뇌와 학습 분야를 이끌어가는, 세계적으로 손꼽히는 일류 작가다 (지금까지 엄청난 밀리언셀러를 기록한 80편이 넘는 책을 직접 또는 공동 집필했다).
- 두뇌와 학습 분야에서 인정받는 세계 최고의 강사다. 이른바 '두뇌 마술사'인 토니 부잔은 다섯 살짜리 아이들부터 교육 혜택을 받지 못한 학생들을 포함하여, 최상위 성적의 옥스퍼드대학교 졸업생과 전 세계의 최고경영진과 단체 지도자들뿐 아니라 여러 나라의 지도자들에 이르기까지, 거의 모든 사람들에게 강의를 해오고 있다.
- 세계기억력대회(World Memory Championships)의 설립자다.
- 세계속독대회(World Speed Reading Championships)의 설립자다.
- 그의 책과 기타 저작물은 전 세계 100개국 이상에서 30여 개 언어로 번역되어 10억 파운드가 넘는 수익을 거둬들인 밀리언셀러다.
- '두뇌의 맥가이버칼(다용도 스위스 군용 칼)'이라 불리는, 현재 전 세계 10억 명이 넘는 사람들이 사용하는 사고 툴 마인드맵®의 창

시자다.
- 1968~1971년까지 IQ협회 멘사(MENSA)의 국제적 잡지 〈인터내셔널 저널 오브 멘사(International Journal of MENSA)〉의 편집장을 지냈다.
- BP, 바클레이스인터내셔널(Barclays International), GM, 월트디즈니, 오라클(Oracle), 마이크로소프트, HSBC, 브리티시텔레콤(British Telecom), IBM, 브리티시에어웨이(British Airways) 등을 포함한 주요 다국적기업에서 국제적 경영 고문을 역임하고 있다.
- 영국, 싱가포르, 멕시코, 오스트레일리아, 페르시아 만 연안 8개국(이란, 이라크, 쿠웨이트, 사우디아라비아, 바레인, 카타르, 아랍에미리트, 오만을 일컫는다-옮긴이), 리히텐슈타인(오스트리아와 스위스 사이에 있는 공국(公國)-옮긴이) 등에서 정부와 정부 조직의 고문을 역임하고 있다.
- 올림픽 코치이자 격투기 유단자다.
- 방사 사고와 멘털 리터러시 개념의 창시자다.
- 시인으로 상을 수상했고, 운동선수로도 상을 수상했다.
- 전 세계의 텔레비전 방송에 100시간 넘게 출연하고 있고, 전 세계의 라디오 방송에서도 1000시간이 넘는 전파를 타고 있는, 세계적인 방송인이다.

한국어판 저자 서문

비즈니스맵 출판사가 저의 마인드 세트 시리즈 《토니 부잔의 마인드맵 북(The Mind Map® Book)》(이하 《마인드맵 북》) 《토니 부잔의 마인드맵 두뇌사용법(Use Your Head)》(이하 《마인드맵 두뇌사용법》) 《토니 부잔의 마인드맵 암기법(Use Your Memory)》(이하 《마인드맵 암기법》) 《마스터 유어 메모리(Master Your Memory)》 《스피드 리딩 북(The Speed Reading Book)》을 한국에서 출간한다는 소식을 듣고 저는 유난히 기쁜 마음을 감추지 못했습니다.

최근 한국은 정보 통신 기술(IT) 발달과 이를 사용하는 데 있어서 세계 3대 강국 중 하나로 이름을 떨치고 있습니다. 이번에 출간하는 마인드 세트 시리즈를 계기로 저는 한국이 '두뇌 과학 기술' 분야에서도 세계의 리더가 되길 기대합니다. 제가 기뻐하는 또 다른 이유는 우리 집안의 가계도를 보면 수백 년 전 우리 선조가 바로 한국인이었기 때문입니다. 한국 제 2의 도시 부산은 결국 저의 집안 이름과 연관이 있는 지명이라 할 수 있지요.

우리가 기억력 없이 할 수 있는 것이 무엇일까요? 이 질문을 한번 깊이 생각해보고 답해보시기 바랍니다. 아마도 여러분은 예외 없이 똑같은 대답을 하게 될 텐데, 바로 "아무것도 없군요"라는 말입니다. 어떤 말도 기억해낼 수 없기에 가족이나 친구들에게 말조차 하지 못할 것입니다. 그리고 먹을 음식을 기억해내지 못하거나 먹는 방법조차 기억할 수 없기 때문에 먹지도 못할 것입니다. 마찬가지로 춤을 출 수도, 걸을 수도, 놀 수도 없는 데다 움직이는 것조차 못할 것입니다. 감각은 사라질 것이고 그 결과 귀머거리, 벙어리, 장님이 될 것입니다.

이렇듯 실제로 기억력이 없다고 생각해보면 사실상 여러분은 시체가 된 것이나 다름없습니다. 기억력은 여러분의 가장 중요한 자산일 뿐만 아니라 여러 가지 면에서 여러분 그 자체입니다. 따라서 여러분이 이 믿을 수 없는 선물의 모든 면을 육성하고 돌보고 강화하는 것은 필수적이라 할 수 있습니다.

'메모리 북《마인드맵® 암기법》과 《마스터 유어 메모리》를 칭하는 말-옮긴이)'을 통해 여러분은 자신이 생각하는 것보다 기억력이 훨씬 뛰어나다는 점을 알게 될 것이고 곧 보다 큰 자신감을 얻게 될 것입니다.

'메모리 북'에 나오는 기억에 관한 마법의 여행을 따라가다 보면 여러분은 리스트, 숫자, 단어, 시 등 일상생활에서 기억할 필요가 있다고 여기는 것은 모두 기억하는 방법을 배울 것입니다. 또, 이 시리즈는 셀 수 없을 정도로 수많은 사실과 정보를 기억할 수 있도록 해주는 마인드맵과 여러 가지 기억법을 여러분에게 소개할 것입니다. 게다가 여러분은 기억하는 데서 가장 흔히 접하는 문제, 즉 사람들의 얼굴과 이름을 기억해내는 어려움도 이 책을 통해 그 해결 방법을 배우게 될 것입니다.

여러분은 '메모리 북'을 통해 기억 리듬에 대해 배우고, 이것을 어떻게 활용해야 자신에게 득이 되는지 깨달을 수 있을 것입니다. 그리고 동시에 기억력 훈련으로 창의력을 높이는 방법을 알게 되어 나이가 들어서도 이 방법을 충분히 활용할 수 있을 것입니다.

여러분은 더욱 성공적이고 훨씬 더 기억에 남는 인생을 사는 법을 이제 막 배우기 시작한 것입니다.

저자
서문

　《마인드맵® 암기법》 개정판은 1974년 봄 《마인드맵® 두뇌사용법》을 통해 전 세계에 마인드맵이 소개된 것을 기념하여 출간한 것이다. 마인드맵은 향후 5세기 동안 지속적으로 소개될 새로운 메이저 기억법 중 가장 중요하다.
　두뇌의 세기가 시작된 것과 마음의 밀레니엄을 기념하기 위해(토니 부잔은 《마인드맵 북》에서 현재 세계는 멘털 리터러시를 갖춘 문명으로 발전하는 한 단계라고 했으며, 자신이 설립한 브레인트러스트(Brain Trust)를 통해 21세기는 '두뇌의 세기'가 될 것이고 세 번째 밀레니엄은 '마음의 밀레니엄'이 될 것이라고 선언했다 - 옮긴이) BBC는 마인드 세트 시리즈를 세상에 내놓았다. 마인드 세트 시리즈는 두뇌 사용에 관한 최초의 백과사전이라 할 수 있으며 5개의 필수 두뇌 서적(《마인드맵® 두뇌사용법》《마인드맵® 암기법》《마스터 유어 메모리》《마인드맵® 북》《스피드 리딩 북》)으로 구성되어 있다.
　1990년대 초는 많은 사람들이 기억력에 관심을 기울이기 시작하던 시기였다. 그러한 시대 흐름을 배경으로 나는 세계기억력대회 '메모리아드(Memoriad)'를 개최하기로 결정했다. 그 대회에서 참가자들은 《마인드맵® 암기법》에 설명된 원리와 기법을 사용하여 3분 이내에 카드 한 벌을 기억하고 1000 자릿수만큼이나 긴 숫자를 기억하는 등 다양한 자료 리스트를 믿을 수 없는 속도로 기억해냈다.

세계기억력대회 우승자인 도미니크 오브라이언(Dominc O'Brien)과 조너선 행콕(Jonathan Hancock)은 거대한 마음의 기억 지도를 만드는 자신들의 방법이 SMASHIN' SCOPE(66쪽 참조)의 원리를 기반으로 하고 있다고 밝혔다. 이들과 마찬가지로 아래의 성공 사례들은 모두 《마인드맵® 기억법》에 소개된 기억 원리와 마인드맵의 충분한 적용에 그 기반을 두고 있다.

이튼칼리지(Eton College)에 다니는 16살의 제임스 롱워스(James Longworth)는 카드 기억(1분 30초 만에 모든 카드를 기억해냈다!)뿐만 아니라 숫자 기억 분야에서도 학생 부문 세계 최고 기록을 세웠다. 그는 공부에도 기억 원리와 마인드맵을 적용하여 놀랄 만한 성적을 거두었고 동시에 운동, 연극, 학생회 활동, 디자인 분야 등에서 특히 활발하게 활동했다.

미들섹스(Middlesex: 잉글랜드 남동부의 옛 주–옮긴이) 주의 에슈퍼드(Ashford: 영국 잉글랜드 켄트 주에 있는 특권 도시–옮긴이) 시에 위치한 성 다윗 학교(St. David's School)에 다니던 나타샤 디오트(Natasha Diot)는 세계기억력대회 여성 부문에서 우승하였는데, GCSE(General Certificate of Secondary Education: 영국 중등학교 졸업 자격시험–옮긴이) 시험에서 9개나 'A'를 받았고 스포츠에서는 언제나 최고였다. 그녀는 《토니 부잔의 천재 이야기(Buzan's Book of Genius)》 연구 개발 당시 연구원으로도 활동하였다.

기억술사 제임스 리(James Lee)는 텔레비전 스타가 되었다. 그는 텔레비전 프로그램에 출연하여 놀라운 기억력 묘기를 펼쳐 시청자들을 경탄에 빠지게 만들었다.

이러한 성공 사례에 고무되어 유즈유어헤드 클럽(Use Your Head Club: 두뇌를 사용하는 방법을 배우고 싶은 사람들에게 개방하는 국제자선단체 브레인트러스트가 주최하는 클럽 - 옮긴이)의 회원들은 '두뇌 에어로빅'으로 기억법을 실천하는 것은 물론 매일의 생활에 유용한 수만 개의 정보 단위를 기억하는 방법으로 기억법을 생활화했는데 이는 기억소(記憶素: 뇌와 신경계 정보의 최소 단위)라는 특별히 세분화된 단위로 이루어졌다.

《마인드맵® 기억법》에서 설명한 원리들, 특히 제우스(Zeus)와 므네모시네(Mnemosyne) 스토리(71쪽 참조) 이면에 숨어 있는 이론은 1993년 'E+M=C$^\infty$'라는 새로운 두뇌 공식을 낳았다. 이 공식은 에너지를 자신의 기억력에 쏟으면 무한한 창의성이 초래된다는 사실을 명확히 설명해준다.

이제 이 마인드맵® 암기법이라는 환상적인 마법의 왕국으로 모험을 떠나자.

들어가는 말

 다른 아이들과 마찬가지로 어린 시절의 나도 기억이라 불리는 놀랍고도 종잡을 수 없는 능력 때문에 어리둥절했던 일이 한두 번이 아니었다. 평상시 느긋한 상황에서는 몹시 순조롭게 기억이 잘 되어서 좀처럼 알아차리지 못했지만, 시험을 볼 때는 몇몇 경우에만 놀라울 정도로 기억이 잘 났고 대부분 '기억력이 나쁜 사람'처럼 아예 기억이 나지 않았다. 나는 어린 시절의 대부분을 시골에서 동물들과 함께 보냈는데 그때부터, 사람들로부터 말 못하는 짐승이라고 잘못 이름 지어진 동물들이 실제로는 비범한 기억력을 지니고 있고 때로는 나보다 훨씬 우수하다는 사실을 깨닫기 시작했다. 그렇다면 인간의 기억력은 왜 결함이 있는 것처럼 보이는 걸까?
 나는 고대 그리스인들이 여러 가지 기억법을 어떻게 고안했는지에 관한 정보를 열심히 수집해 본격적으로 연구하기 시작했다. 그리고 그 이후 로마인들이 신화에 관한 책을 모두 기억하거나 원로원에서 연설과 토론이 진행되는 동안 청중에게 감명을 주는 연설을 하는 데 이 기억법들을 어떻게 적용했는지에 대해서도 연구했다. 이에 대한 나의 관심은 대학 생활을 하는 동안 더욱 깊어졌고, 그때 이러한 기본 기억법들이 기계적으로 외우거나 앵무새처럼 되풀이하는 기억에

만 사용되는 것이 아니라, 엄청나게 빠르면서도 효율적으로 정보를 이용하게 하고 이해력을 놀라우리만큼 높이는 마음속의 거대한 자료 저장 장치로 사용될 필요가 있다는 사실을 서서히 깨닫기 시작했다. 나는 이 기억법들을 시험이나 기억력 향상을 위해서 상상력이 가미된 게임을 할 때 적용해보았다. 또한 낙제생이나 성적이 하위권에 속하는 학생에게 가르쳐주어 공부에 적용해보기도 했는데, 후에 그들은 모두 우수한 성적으로 대학을 졸업했다.

지난 10년 동안 이루어진 두뇌 연구의 폭발적 증가는 기억 이론가, 도박사, 기억술사, 마술사들이 그전부터 쭉 알고 있었던 것, 즉 우리 두뇌의 저장 능력과 저장된 것을 회상하는 능력이 일반적인 예상치를 훨씬 초월한다는 것이 사실임을 확인시켜주었다.

《마인드맵® 두뇌사용법》의 기억에 관한 부분을 좀 더 구체적으로 설명하고 새롭게 진전된 사항을 다루는 《마인드맵® 암기법》은 세계 7대 불가사의 중 첫 번째로 꼽히는 무한한 기억력과 상상력의 '공중정원(Hanging Gardens: BC 500년경 신(新)바빌로니아의 네부카드네자르 2세가 왕비 아미티스를 위하여 바빌론에 건설한 정원으로 세계 7대 불가사의의 하나이다. 실제로 공중에 떠 있는 것이 아니라 높은 단에 만들어진 정원이다-옮긴이)'으로 떠나는 최초의 여행이다.

이
책
의
구
성

《마인드맵® 암기법》은 여러분이 기억에서 얻고자 하는 목표를 가능한 한 빨리 달성할 수 있도록 만들어졌다.

이 책은 세 개의 주요 부(部)로 나뉘어 있다. 제1부는 기억의 역사와 기억법을, 제2부는 메이저 기억법과 그 응용을, 제3부는 기억하는 데 마인드맵을 사용하는 방법을 다루고 있다.

좀 더 자세히 말하자면 1장부터 9장까지는 여러분에게 자신의 현재 기억 능력을 점검할 기회를 주고, 슈퍼파워를 지닌 기억력 개발에 필요한 토대와 원리를 포함한 기억에 관한 배경 정보를 제공한다. 그리고 10개, 20개, 26개 항목을 기억하는 기본적인 연결 기억법(Link System)과 걸이못 기억법(List System)을 설명한다.

10장에서는 9장까지 익힌 기억법의 효과를 두 배로 배가시킬 수 있는 방법을 보여준다.

11장에서는 기억의 기능을 더욱더 높이는 방법으로 여러분 자신과 생활을 관리할 수 있게 해주는 시간에 따른 기억의 리듬을 소개한다.

12장에서는 메이저 기억법(Major System)을 여러분에게 소개한다. 이 기억법은 끝없이 이어지는 다른 기억법의 기초가 되기 때문에 메이저 기억법이라는 이름이 붙었으며, 특히 14~21장에서 다루는 카드 기억, 긴 숫자 기억을 통한 IQ 개발, 전화번호, 스케줄과 약속, 21세기의 요일, 역사적인 날, 생일과 기념일, 어휘와 언어 학습 등과 같은 분야의 기억에 적용될 수 있다.

22장에서는 보통 사람보다 기억력과 회상력을 10배나 향상시키는 방식으로 쓰고 기록하게 해주는 기억의 예술이라 할 수 있는 학습법, 즉 '마인드맵'에 관한 새로운 기법을 여러분에게 소개한다.

마인드맵 기법은 다른 기억법과 함께 23~27장에서 다루는 이름과 얼굴 기억하기, 잊어버렸다고 생각했던 것 기억해내기, 시험에서 완벽한 글을 쓰고 우수한 성적 내기, 연설하고 조크하기, 꿈 기억하기 등에 효과적으로 적용된다.

나는 우선 여러분이 책 전체를 여기저기 훑어보기를 권한다. 그러고 나서 1장부터 13장까지 완벽하게 소화해 마인드맵 암기법의 튼튼한 기초를 마련하라.

이 단계까지 이르렀으면 여러분은 14~21장 중 어느 한 장을 선택해서 한 장씩 소화하는 것을 기본으로 계속 읽어나가도 되고, 22장으로 건너뛴 다음 이어서 23~28장 중 좋아하는 장을 선택해 읽어도 된다.

무엇보다 책을 읽는 동안 연상결합과 상상력을 최대한 활용하고 스스로 즐겨야 한다는 사실을 기억하라!

01

슈퍼파워 메모리를 갖고 싶어요

1장 우리의 기억력은 완벽하다!
2장 나의 현재 기억력은?
3장 기억력의 역사
4장 슈퍼파워 메모리의 기본 원리
5장 쉽고도 재미있는 연결 기억법
6장 기억을 머릿속 옷걸이에 걸어라 1: 숫자-모양 기억법
7장 기억을 머릿속 옷걸이에 걸어라 2: 숫자-압운 기억법
8장 위대한 '로마인의 방' 기억법
9장 기억을 머릿속 옷걸이에 걸어라 3: 알파벳 기억법
10장 걸이못 기억법의 100배 활용법
11장 기억의 리듬을 타라

USEYOURMEMORYUSEYOURMEMORY
(repeating background pattern)

1장
우리의 기억력은 완벽하다!

개요

● 부정적인 마음 자세를 바꿔라

우리의 기억력은 지금까지 우리가 생각했던 것보다 훨씬 좋을 뿐 아니라 실제로 완벽하다는 증거가 최근 쏙쏙 나타나고 있다.

여러분의 기억력은 놀랍도록 뛰어나다. 이에 반하는 다음과 같은 여러 의견들이 존재하고 있음에도 불구하고 이 말은 분명한 사실이다.

1. 대부분의 사람들은 자신이 만났던 사람들의 이름을 10퍼센트도 기억하지 못한다.
2. 대부분의 사람들은 자신이 받은 전화전호를 99퍼센트 이상 잊은 채 지낸다.
3. 대부분 나이가 들면서 기억력은 빠르게 쇠퇴한다고 믿는다.

4 많은 사람들이 음주를 하고 있고 알코올은 한 잔 마실 때마다 1000개의 뇌세포를 파괴한다고 알려져 있다.

5 전 세계적으로 인종, 문화, 나이, 교육 수준에 상관없이 겪는 경험이 있는데 바로 기억력이 떨어진다고 느끼거나 기억력이 나쁘다고 생각하는 것이다. 그리고 모두 이에 대한 두려움이 있다.

6 대개의 경우 실패하면, 특히 기억하는 데 실패하면 우리는 '단지 인간일 뿐이야!' 라고 말하며 실패의 원인을 인간의 불완전함 때문으로 돌린다. '단지 인간일 뿐이야!' 라는 말은 우리의 재능이 선천적으로 불완전함을 나타낸다.

7 여러분은 아마도 이 책의 제2장에 실려 있는 대부분의 기억력 테스트에서 좋지 않은 성적을 거두게 될 것이다.

1번과 2번 그리고 7번 항목은 이 책의 전반에 걸쳐 다룰 것이다. 여러분은 적절한 지식만 갖춘다면 모든 테스트에서 우수한 성적을 거둘 수 있으며 방법만 알면 이름과 전화번호를 기억하는 것이 아주 쉬운 일임을 알게 될 것이다.

술을 적당히 마신다면 술이 뇌세포를 파괴한다고 주장할 만한 어떠한 증거도 없다. 술에 대한 이러한 오해는 술을 과도하게 마셨을 때, 즉 오로지 과하게 마셨을 때 두뇌가 손상된다는 사실이 밝혀졌기 때문에 생겨난 것이다.

여러분의 기억력은 나이가 듦에 따라 쇠퇴한다. 하지만 이것은 두뇌를 사용하지 않았을 때의 이야기다. 반대로 두뇌를 사용한다면 평생 두뇌는, 쇠퇴하는 것이 아니라 꾸준히 발달할 것이다.

문화와 나라를 가리지 않고 전 세계에 걸쳐 모두가 겪고 있는 기억력에 관한 '부정적인 경험'은 우리가 '단지 인간일 뿐'이기 때문이라거나 선천적으로 불완전함을 타고났기 때문이 아니라 아주 간단하고도 쉽게 바꿀 수 있는 다음의 두 가지 요인 때문인 것으로 밝혀지고 있다.

1 부정적인 마음 자세
2 지식 부족

부정적인 마음 자세를 바꿔라

요즘 한창 성장하고 있는 비공식 국제 조직이 하나 있는데, 나는 이 단체를 '더 나쁜 기억력을 갖기 위한 사람들의 모임'이라고 부르고 있다. 활발하고 열정적인 대화를 나누는 와중에 여러분은 다음과 같은 소리를 얼마나 자주 듣게 되는지 한번 생각해보라.

"요즘 영 내 기억력이 젊었을 때만 못하단 말이야. 자꾸만 무언가를 잊어버리고 말아."

그러면 "맞아, 그 심정 나도 이해해. 나도 똑같아" 하고 다른 사람이 맞장구치곤 한다. 그리고 나서 그들은 어깨동무를 하고 함께 비틀거리며 망각의 골짜기로 걸어 내려간다. 이러한 대화는 특히 30대에서 자주 일어나는 일상적 대화이기에 문제는 더욱 심각하다!

이런 위험하고도 잘못된 부정적 마음 자세는 적절한 훈련 부족에서 비롯된 것이다. 이 책은 그런 마음을 바로잡기 위해 씌어졌다.

대부분의 사람들은 어린아이들이 환상적인 슈퍼 기억력을 지녔다고 생각한다. 정말인지 직접 확인해보고 싶다면 수업이 끝나고 아이들이 모두 집으로 돌아간 유치원을 찾아가보라. 5살에서 7살 난 아이들이 사용하는 교실로 들어가 교사에게 아이들이 잊어버리고 두고 간 것들이 무엇인지 물어보라. 여러분은 아이들이 두고 간 물건들이 시계, 연필, 펜, 사탕, 돈, 상의, 체육복, 책, 외투, 안경, 지우개, 장난감 등이라는 것을 알게 될 것이다.

전화 통화를 하기로 되어 있는 누군가에게 전화하는 것을 잊어버렸거나 사무실에 서류 가방을 두고 온 중년의 회사 간부와, 집으로 돌아와서야 유치원에 시계, 용돈, 종합장 등을 두고 온 것을 깨달은 7살 난 어린 아이의 유일한 차이점은 7살 난 어린 아이가 "오! 하느님 맙소사, 내 나이 이제 겨우 7살인데 기억력이 떨어지다니요!" 하고 소리치면서 절망에 빠져 머리를 움켜쥐고 맥없이 주저앉지 않는다는 사실이다.

스스로에게 '내가 매일 기억하고 있는 것이 실제로 몇 개나 될까?'라는 질문을 해보라. 대부분의 사람은 어림잡아 100개에서 1만 개 사이일 것이라고 추정한다. 그러나 실제로 맞는 답은 수조(兆) 개이다. 인간의 기억력은 너무나 뛰어나고 믿을 수 없을 정도로 부드럽게 작용하기 때문에, 사람들은 자신이 말하고 듣는 모든 단어들이 생각하고 회상하고 정확히 인지하는 데 순간적으로 동시에 사용되어 적절한 문맥 속에 놓인다는 사실을 전혀 알아채지 못한다. 또한 사람들은 매 순간의 모든 인식과 모든 사고, 하루 온종일 하는 모든 것과 평생 하는 모든 것이 기억력의 기능이라는 점도 깨닫지 못한다. 사실상 현재 진행되고 있는 기억력의 정확성은 거의 완벽하다. 우리가 가

끔 잊어버리는 몇몇은 거대한 바다 위에 떠 있는 아주 작은 조각과 같다. 역설적으로 말하자면 잊어버리는 실수에 우리가 민감하게 반응한다는 것은 그런 실수가 그 정도로 일어나지 않는 드문 일이라는 반증이기도 하다.

인간의 기억력이 완벽하다는 이론을 뒷받침하는 다양한 사례와 증거 중 몇 가지 예를 들자면 다음과 같다.

1 • 꿈

많은 사람들이 20년이나 40년 동안 잊고 지냈던 친지, 친구, 가족 그리고 사랑하는 사람들에 대한 생생한 꿈을 꾼다. 그러나 꿈속에 나타난 그들의 이미지는 긴 세월이 흘렀음에도 완벽하게 생생하고 색상이나 세밀한 부분에 이르기까지 실제 옛날 모습 그대로이다.

이것은 두뇌의 어딘가에 시간이 지나도 변하지 않는 완벽한 이미지와 연상결합을 저장해두는 광대한 저장소가 있고, 따라서 적절한 자극을 받으면 모두 회상할 수 있다는 사실을 확인시켜준다. 제27장 (280쪽)에서 여러분은 이 꿈을 기억하는 방법을 배우게 될 것이다.

2 • 갑작스런 회상의 놀라움

누구나 길을 가다가 어느 모퉁이를 돌면서 갑자기 이전에 알았던 사람이나 사건이 떠올랐던 경험이 있을 것이다. 이와 비슷한 일은 자신이 옛날에 다녔던 학교를 다시 방문하게 되었을 때도 종종 일어난다. 후각, 촉각, 시각, 청각 등에서 단 하나의 감각만으로도 잊었다고 생각했던 수많은 경험을 되살려낼 수 있다. 어떤 감각을 통해 기억 이미지를 완벽하게 재생하는 두뇌의 능력(빵 굽는 냄새나 노랫소리에 과거의 향수에 젖을 수 있다는 사실을 예로 들 수 있다)은 적절한 자극을 주는 상황을 많이 만들수록 더욱 많은 것을 회상해낼 수 있다는 것을 의미한다. 이러한 경험에서 우리는 두뇌가 정보를 잊어버리지 않고 저장하고 있다는 걸 알 수 있다.

3 • 러시아인 'S'(셰르셰프스키)

20세기 초 러시아의 젊은 신문 기자 셰르셰프스키(알렉산드르 로마노비치 루리야(Aleksandr Romanovich Luria)는 자신의 저서 《모든 것을 기억하는 남자(The Mind of a Mnemonist)》에서 셰르셰프스키(Shereshevsky)를 'S'로 표기했다)는 편집 회의에 참석했다. 거기서 그는 회의 내용을 노트에 필기하지 않아 다른 사람들을 놀라게 했다. 진행된 회의 내용을 설명해보라는 편집장의 지시를 받자 그는 어리둥절해했다. 편집 회의에선 모두가 늘 노트 필기를 해야 한다는 것을 이해하지 못했음이 분명해지자 참석자들은 더더욱 놀랐다. 그가 노트 필기를 하지 않아도 회의 내용을 모두 기억할 수 있다고 설명하자 편집장은 그럼 회의의 요점이 무엇이냐고 물었다. 그 말에 'S'는 단어 하나, 문장 하나도 틀리지 않고 억양까지 완벽하게 회의 내용을 재현해냈다. 그 후 30년 동안 그는 러시아의 세계적인 심리학자이자 기억에 관한 전문가로 유명한 루리야에 의해 테스트와 진단을 받았다. 루리야는 그가 결코 비정상적인 것이 아니라 그저 기억력이 완벽한 것이라는 걸 확인했다. 또한 루리야는 그가 아주 어렸을 때 우연히 기억술의 기본 원리(64쪽 4장 참조)를 터득했고 그것이 그의 타고난 재능의 일부가 되었다고 밝혔다.

'S'만이 아니다. 교육, 의학, 심리학의 역사는 이와 비슷한 완벽한 기억력의 소유자들로 점철되어 있다. 그들 모두의 두뇌는 정상으로 밝혀졌고 그들 모두 공통적으로 어린아이였을 때 기억 작용의 기본 원리를 터득했다.

4 • 로젠스위그 교수의 실험

캘리포니아대학의 심리학자이자 신경생리학자인 마크 로젠스위그(Mark Rosensweig) 교수는 사람의 뇌세포와 그 저장 능력에 관해 수년 동안 연구했다. 1974년 초에 이르러 그는 만일 정상적인 인간의 두뇌에 매초마다 10개 항목의 새로운 정보를 평생 주입하더라도 두뇌는 전체 용량의 절반도 채워지지 않을 것이라고 주장하는 연구 결과를 발표했다. 또한 기억에서 발생하는 문제는 두뇌의 용량이 아니라 무한한 용량을 지닌 것이 분명한 두뇌 능력을 스스로 통제하는 것과 관련이 있다고 역설했다.

5 • 펜필드 교수의 실험

캐나다의 와일더 펜필드(Wilder Penfield) 교수는 우연한 실수로 인간의 기억 능력에 관한 엄청난 발견을 했다. 그는 뇌에서 간질의 원인이 되는 부분의 위치를 찾아내기 위해 작은 전극으로 뇌세포에 자극을 주고 있었다.

놀랍게도 그가 어떤 뇌세포를 자극하자 환자가 갑자기 과거의 경험들을 기억해내기 시작했다. 환자들은 확신에 찬 표정으로 그것이 그저 간단한 기억이 아니라 냄새, 소리, 색깔, 움직임, 맛 등을 모두 포함해 실제로 눈앞에 있는 것처럼 생생하고 완벽한 경험이었다고 말했다. 이렇게 기억해내는 경험의 시간적 범위는 실험이 진행되기 몇 시간 전부터 40년 전에 이르기까지 폭넓게 걸쳐 있었다.

펜필드 교수는 각각의 뇌세포나 뇌세포들의 덩어리 안에 과거의 모든 사건을 완벽하게 보관하는 저장 장소가 있어서 적절한 자극만 준다면 모든 정보를 영화 필름을 돌리듯이 재생할 수 있다고 밝혔다.

6 • 패턴을 만들어내는 두뇌의 잠재 능력

유명한 파블로프(Pavlov) 교수의 수제자인 표트르 아노킨(Pyotr Anokhin) 교수는 패턴을 만들어내는 인간 두뇌의 잠재 능력 연구에 평생을 바쳤다. 그의 연구 결과는 기억력을 연구하는 사람들에게 없어서는 안 될 아주 중요한 자료가 되었다. 기억은 서로 연결되어 있는 뇌세포에 의해 만들어진 전자회로 같은 작은 패턴들로 각각 따로 기록되는 것 같다.

아노킨 교수는 두뇌가 1조(1,000,000,000,000) 개라는 뇌세포를 지니고 있지만 이 어마어마한 숫자조차도 뇌세포가 만들어낼 수 있는 패턴의 수와 비교한다면 미미하다는 것을 이미 알고 있었다. 최첨단 전자 현미경과 컴퓨터를 사용하면서 그는 깜짝 놀랄 만한 숫자를 찾아냈다. 아노킨 교수는 두뇌가 만들어내는 패턴의 수, 즉 '자유도(Degree of Freedom: 주어진 조건하에서 자유롭게 변화할 수 있는 변수의 수-옮긴이)'를 계산하고 다음과 같은 말을 했다.

"두뇌가 자유롭게 만들어낼 수 있는 패턴의 총수는 너무나 엄청나서 그것을 일렬로 늘여 쓴다면 그 길이가 1억 5000만 킬로미터는 족히 될 것이다. 이러한 엄청난 가능성을 지닌 인간의 두뇌는 수억 개의 서로 다른 멜로디를 연주할 수 있는 건반이라 할 수 있다."

여러분의 기억은 두뇌가 만들어내는 음악이다.

7 • 임사 체험

2분 내에 익사할 것이라고 생각하며 수영장 바닥에서 잔물결이 이는 수면을 올려다보거나 산에서 추락하면서 방금 추락한 산의 암붕(岩棚: 벼랑 위나 암벽 중턱에 선반처럼 삐죽 튀어나온 바위-옮긴이)이 빠르게 시야에서 사라지는 모습을 바라보거나 시속 60마일로 자신을 향해 질주하고 있는 10톤 대형 화물자동차를 본 경험이 있는 사람들이 있다. 이러한 충격적인 사고의 생존자들이 말하는 이야기에는 공통된 테마가 흐른다. '마지막 생각'을 하는 순간에 두뇌는 모든 것을 늦추어 멈춘 다음, 1초의 몇 분의 1을 평생으로 확장하면서 개인이 겪은 경험 전부를 회상한다는 것이다.

누군가가 그들이 실제로 겪었던 일은 인생의 여러 사건 중 몇 개를 모아놓은 하이라이트임에 불과하다고 주장하면서 인정하라고 강요한다면, 생존자들은 그들이 겪었던 것이 그 순간까지 완전히 잊고 있었던 모든 일을 포함한 자신의 인생 전체였다고 단언한다. '내 인생 전체가 눈앞에서 순식간에 지나갔어요'라는 표현은 임사(臨死) 체험을 한 사람이라면 누구나 외치는 판에 박은 문구가 되어버렸다. 임사 체험자가 겪은 공통된 경험은 이제 막 개발되기 시작한 두뇌의 저장 능력을 다시 한 번 확인시켜주는 증거가 되고 있다.

8 • 포토그래픽 메모리

포토그래픽 메모리(Photographic Memory), 즉 직관적인 기억은 자신이 본 것이 무엇이든 짧은 시간 동안 완벽하고 정확하게 기억할 수 있는 특수한 현상이다. 이 기억은 시간이 지나면서 대개 희미해지지만 하얀 종이 위에 마구잡이로 뿌려져 있는 1000개의 점들로 이루어진 그림을 본 후, 누군가에게 그 그림을 완벽하게 재현해서 보여줄 수 있을 정도로 정확하다. 이것은 우리가 장기 기억뿐만 아니라 짧은 시간 동안 순식간에 사진을 찍듯 선명하게 기억하는 능력을 지니고 있다는 것을 시사한다. 아이들은 대개 이러한 능력을 천부적인 정신 기능의 일부로 타고나는데, 우리는 논리와 언어에 너무 지나치게 집중하고 상상력과 다른 두뇌 기능 영역은 너무 등한시하는 교육을 하고 있다.

9 • 1000장의 사진

최근의 실험에서 심리학자들은 피실험자들에게 1000장의 사진을 매초마다 차례로 한 장씩 보여주었다. 그러고 나서 원래의 1000장의 사진에 100장의 사진을 더 섞어서 피실험자들에게 보여주고 처음에 보지 못했던 사진을 골라내도록 했다. 피실험자 모두가 평범한 기억력의 소유자였음에도 불구하고 처음에 보았던 사진과 나중에 추가된 사진을 거의 모두 정확하게 구별해냈다. 그들은 제시된 사진의 순서를 기억하고 있진 않았지만 이미지를 명확하게 기억해낼 수 있었다. 이는 사진에 붙여진 이름을 기억하는 것보다 얼굴을 더 잘 기억하는 인간들의 공통된 경험을 확인시켜주는 예다. 이 특별한 문제는 기억법에 적용하면 쉽게 해결된다.

10 • 기억법

기억법, 즉 기억술은 사람들이 기억하고자 하는 것이라면 무엇이든 완벽하게 기억할 수 있도록 해주는 '기억 부호'로 이루어진 기법이다. 이러한 기억법들을 이용한 여러 가지 실험을 살펴보면 기억법을 사용해서 10개 중 9개를 기억한 사람은 1000개 중 900개를 기억할 수 있고, 1만 개 중 9000개, 100만 개 중 90만 개 등을 계속해서 같은 비율로 기억할 수 있음을 알 수 있다. 이와 마찬가지로 10개를 완벽하게 기억할 수 있는 사람은 100만 개도 완벽하게 기억할 수 있을 것이다. 이 기법은 우리가 지니고 있는 경이로운 정보 저장 능력을 철저히 연구하고 우리가 필요로 하는 모든 것을 끌어낼 수 있도록 도와준다. 기억의 원리는 4장에 설명되고 있고, 이 책의 대부분은 이러한 기억법 중 가장 중요하고 유용한 기억법을 소개하고 설명하는 데 할애하고 있다. 또한 이러한 기억법이 개인, 가족, 비즈니스, 사회생활에 어떻게 적용될 수 있는지 책 전반에 걸쳐 설명하고 있다.

결문

기억법을 습득하는 초기 단계에서 여러분은 우선 자신의 현재 기억 수준을 점검해볼 필요가 있다. 다음 장에는 자신의 기억력을 점검해볼 수 있는 몇 가지 기억 테스트가 준비되어 있다. 진정 자신의 현재 능력을 사실 그대로 알아보고자 한다면 이 책을 다 읽었을 때와 비교할 수 있도록 처음부터 끝까지 성실히 테스트에 응하는 것이 좋다. 처음에는 대부분의 사람들이 다소 결과가 좋지 않게 나오겠지만, 장을 거듭해 읽어나갈수록 기억력이 급격히 향상되는 것을 느끼게 될 것이다.

2장
나의 현재 기억력은?

개요

- 연결 테스트
- 걸이못 테스트
- 숫자 테스트
- 전화번호 테스트
- 카드 테스트
- 얼굴 테스트
- 연대 테스트

자신의 기억력을 그 자리에서 테스트로 직접 확인해본 사람은 아마도 거의 없을 것이다. 이것이 바로 기억의 한계와 성질 그리고 두뇌의 잠재력에 대해 잘못 알고 있는 이유의 대부분이다.

우리가 학교에서 받아온 교육 방식 때문에 여러분이 잠시 후에 시도하게 될 간단한 테스트가 경우에 따라 매우 어렵거나 거의 불가능하게 여겨질 수도 있다. 그러나 평균치의 인간 두뇌 능력을 지닌 사람이라면 능히 해내고도 남을 일이다. 제대로 하지 못하면 어쩌나 하는 걱정은 할 필요가 없다. 쉽고도 재미있는 연습을 통해서 기억력을 향상시키는 것이 이 책의 목적이다.

연결 테스트

아래에 나열되어 있는 20개의 항목 리스트를 한 번에 하나씩 읽어나가면서 열거된 순서와 항목 두 가지를 모두 암기하도록 하라. 그러고 나서 42쪽을 펼쳐 답을 적고 점수를 계산하여 스스로 테스트해보라.

벽지	가위	권력	향기
산	손톱	코끼리	금고
치마	시계	감옥	멜론
노끈	간호사	거울	혼혈아
아이스크림	식물	여행 가방	조각

걸이못 테스트

다음 10개의 리스트를 60초 내에 외우도록 하라. 이 테스트의 목적은 해당 숫자와 연결된 항목을 무작위 순서에서 기억해내는 것이다. 60초가 지났으면 43쪽을 펴서 답안지를 채우도록 하라.

1 원자   2 나무

3 청진기   4 소파

5 골목길   6 타일

7 자동차 앞 유리   8 벌꿀

9 칫솔   10 치약

숫자 테스트

아래에 제시되어 있는 15자리의 숫자 4개를 각각 30초 동안 보라. 30초를 넘기지 않도록 숫자를 본 다음 즉시 43쪽을 펴서 자신이 기억해낼 수 있는 숫자를 적어라.

1 798465328185423   2 493875941254945

3 784319884385628   4 825496581198762

전화번호 테스트

아래에 제시된 리스트는 10곳의 전화번호다. 2분 동안 전화번호 리스트를 연구하여 모든 전화번호를 외우도록 하라. 그리고 나서 44쪽을 편 다음 질문에 답하라.

건강식품 가게   787-5953   테니스 파트너   640-7336

지역 기상국	691-0262	신문 가판대	242-9111
꽃집	725-8397	자동차 정비소	781-3702
극장	869-9521	나이트클럽	644-1616
지역사회센터	457-8910	단골 레스토랑	354-6350

카드 테스트

이 테스트는 카드 패와 순서를 기억하는 자신의 현재 능력을 알아보기 위한 것이다. 아래의 리스트는 번호 순서대로 규칙적으로 짝지은 52장의 카드이다. 5분 동안 이 리스트를 본 다음 암기하라. 그러고 나서 45쪽을 펼쳐 답안지를 채워나가라.

1	다이아몬드 10		27	하트 4
2	스페이드 에이스		28	다이아몬드 2
3	하트 3		29	스페이드 잭
4	클럽 잭		30	스페이드 6
5	클럽 5		31	하트 2
6	하트 5		32	다이아몬드 4
7	하트 6		33	스페이드 3
8	클럽 8		34	다이아몬드 8
9	클럽 에이스		35	하트 에이스
10	클럽 퀸		36	스페이드 퀸
11	스페이드 킹		37	다이아몬드 퀸

12	하트 *10*	38	다이아몬드 *6*
13	클럽 *6*	39	스페이드 *9*
14	다이아몬드 *3*	40	클럽 *10*
15	스페이드 *4*	41	하트 킹
16	클럽 *4*	42	하트 *9*
17	하트 퀸	43	스페이드 *8*
18	스페이드 *5*	44	스페이드 *7*
19	다이아몬드 잭	45	클럽 *3*
20	하트 *7*	46	다이아몬드 에이스
21	클럽 *9*	47	스페이드 *10*
22	다이아몬드 킹	48	하트 *8*
23	클럽 *7*	49	다이아몬드 *7*
24	스페이드 *2*	50	다이아몬드 *9*
25	하트 잭	51	클럽 *2*
26	클럽 킹	52	다이아몬드 *5*

얼굴 테스트

40~41쪽에 제시된 10명의 얼굴을 2분 동안 보라. 그리고 나서 똑같은 얼굴이지만 이름이 적혀 있지 않은 얼굴이 제시된 46쪽과 47쪽을 펼쳐라. 얼굴에 적합한 이름을 기억해내 기입하라. 47쪽에서 알려주는 방법대로 점수를 계산하라.

연대 테스트

이번이 마지막 테스트다. 아래에 상당히 중요한 역사적 사건이 일어난 연도가 열거되어 있다. 이것을 2분 동안 완벽하게 외운 다음 48쪽을 펼쳐 답을 하라.

1 *1666* 런던 대화재
2 *1770* 베토벤 탄생
3 *1215* 마그나카르타 대헌장 승인
4 *1917* 러시아 혁명
5 *1454* 최초의 인쇄기 발명
6 *1815* 워털루 전투
7 *1608* 망원경 발명
8 *1905* 아인슈타인의 상대성 이론
9 *1789* 프랑스 대혁명
10 *1776* 미국 독립 선언

1 화이트헤드(Whitehead) 여사   2 호킨스(Hawkins) 씨

3 피셔(Fisher) 씨

4 램(Ramm) 씨   5 헤밍(Hemming) 여사

6 브라이어(Briar) 여사

7 체스터(Chester) 씨

8 마스터(Master) 씨

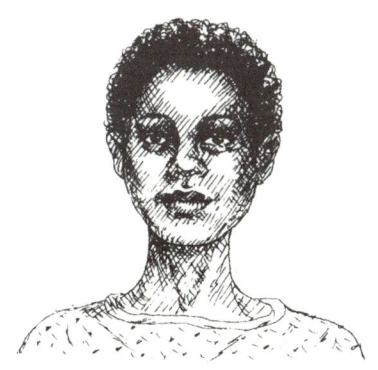
9 스완슨(Swanson) 여사

10 템플(Temple) 양

연결 테스트 답안지(35쪽 참조)

아래의 빈칸에 기억해낼 수 있는 모든 항목을 올바른 순서대로 기록하라.

_____
_____
_____
_____
_____
_____

스스로 점수를 계산하는 방법에는 두 가지가 있다. 우선 20개 항목 중에서 기억해낸 항목의 수를 아래에 적어라. 그리고 나서 올바른 순서대로 기억해낸 항목의 수를 기록하라. (만약 두 개의 항목을 바꿔 적었다면 순서에 관한 점수 계산에서 둘 다 틀린 것으로 계산한다.) 기억해낸 항목 수마다 1점으로 계산하고 올바른 순서대로 기록한 항목마다 1점으로 계산하라(모두 맞혔을 때 총점은 40점이다).

  기억해낸 항목 수:
  틀리게 기억해낸 항목 수:
  올바른 순서대로 기억해낸 항목 수:
  틀린 순서로 기억해낸 항목 수:

걸이못 테스트 답안지(35쪽 참조)

아래에 제시된 각 번호 옆의 빈칸에 그 번호에 해당하는 항목을 적어라.

10 _____   1 _____
 8 _____   3 _____
 6 _____   5 _____
 4 _____   7 _____
 2 _____   9 _____

맞게 기입한 항목의 수 : _____

숫자 테스트 답안지(36쪽 참조)

아래의 빈칸에 15자리 숫자 4개를 각각 기억해내어 적어라.

1 _____
2 _____
3 _____
4 _____

올바른 순서대로 기록한 숫자의 자릿수마다 1점으로 계산하라.

총점: $\dfrac{\quad\quad}{60}$

전화번호 테스트 답안지(36쪽 참조)

아래에 제시된 빈칸에 해당되는 10개의 전화번호를 적어라.

	이름	전화번호
1	건강식품 가게	_____
2	테니스 파트너	_____
3	지역 기상국	_____
4	신문 가판대	_____
5	꽃집	_____
6	자동차 정비소	_____
7	극장	_____
8	나이트클럽	_____
9	지역사회센터	_____
10	단골 레스토랑	_____

점수 계산: 전화번호를 맞게 적은 항목에 1점의 점수를 매기도록 하라(전화번호 숫자 중 하나라도 실수할 경우 틀린 답으로 간주해야 한다. 왜냐하면 그 번호로 전화를 건다면 통화하고자 하는 사람과 연결될 수 없기 때문이다). 가능한 총 점수는 10점이다.

점수: ──────
　　　 10

카드 테스트 답안지(37쪽 참조)

카드 리스트를 회상하여 반대 순서로 제시(52~1)된 빈칸을 채워라.

52	_____	26	_____
51	_____	25	_____
50	_____	24	_____
49	_____	23	_____
48	_____	22	_____
47	_____	21	_____
46	_____	20	_____
45	_____	19	_____
44	_____	18	_____
43	_____	17	_____
42	_____	16	_____
41	_____	15	_____
40	_____	14	_____
39	_____	13	_____
38	_____	12	_____
37	_____	11	_____
36	_____	10	_____
35	_____	9	_____
34	_____	8	_____
33	_____	7	_____
32	_____	6	_____
31	_____	5	_____
30	_____	4	_____
29	_____	3	_____
28	_____	2	_____
27	_____	1	_____

올바른 답을 적은 항목마다 점수를 1점으로 계산하라.

얼굴 테스트 답안지(40~41쪽 참조)

얼굴을 보고 해당하는 사람의 이름을 빈칸에 써 넣어라.

3 _____   2 _____

9 _____

4 _____   10 _____

올바른 답을 적은 항목마다 점수를 1점으로 계산하라.

연대 테스트 답안지(39쪽 참조)

9	_____	프랑스 대혁명
6	_____	워털루 전투
1	_____	런던 대화재
10	_____	미국 독립 선언
2	_____	베토벤 탄생
5	_____	최초의 인쇄기 발명
4	_____	러시아 혁명
3	_____	마그나카르타 대헌장 승인
8	_____	아인슈타인의 상대성 이론
7	_____	망원경 발명

정확하게 맞힌 답에 스스로 1점의 점수를 주어라. 그리고 오차가 5년 이내면 점수를 0.5점으로 계산하라. 10점이 만점이다.

이제 아래에서 모든 테스트의 총득점을 계산하라. 만점은 192점이다.

테스트 결과 요약

테스트	자신의 점수	만점
연결 테스트		40
걸이못 테스트		10
숫자 테스트		60

전화번호 테스트	10
카드 테스트	52
얼굴 테스트	10
연대 테스트	10
총점	192

이제 여러분이 얻은 점수를 백분율로 나타내보자:

총만점을 자신이 얻은 점수로 나눈다 ($\frac{총만점}{자신이\ 얻은\ 점수}$ = X)

그런 다음 100을 위에서 얻은 수치(x)로 나눈다 ($\frac{100}{X}$)

= 자신이 얻은 점수를 백분율로 나타낸 수치

첫 번째 테스트는 이것으로 끝났다. 이후에도 여러 가지 테스트가 준비되어 있다. 각 테스트에서의 평균 점수는 대개 20~60퍼센트 사이다. 보통 60점 정도면 우수한 것으로 생각되지만 이 책에 소개된 기억법을 익히고 난 후에는 60점이라는 점수가 기대에 훨씬 못 미치는 점수임을 느끼게 될 것이다. 기억법 훈련을 받은 사람은 이 테스트에서 95~100퍼센트의 점수를 얻게 될 것이다.

결문

3장에서는 기억법의 역사를 살펴보고, 우리 두뇌의 놀라운 천부적 능력을 깨달은 것이 얼마나 최근의 일인지 보여줄 것이다.

3장
기억력의 역사

개요

- 그리스인
- 로마인
- 교회의 영향
- 과도기-18세기
- 19세기
- 현대 기억 이론
- 두뇌는 몇 개인가?

인류가 환경을 극복하기 위해 처음으로 자신의 머리에 의존하기 시작했을 때부터 뛰어난 기억력의 소유는 지배력을 갖고 존경받는 위치에 이르는 과정의 필수 단계가 되었다. 인류 역사의 전반에는 놀라운(때로는 전설과도 같은) 기억력에 관한 기록들이 많다.

그리스인

기억에 관한 완성된 개념이 언제, 어디에서 처음 나타난 것인지 정확하게 말하기는 어렵다. 하지만 기원전 600년쯤의 그리스인이 체계적으로 다듬어진 수준 높은 개념을 처음 사용한 것으로 볼 수 있다. 그리스인의 '수준 높은' 개념은 현대인의 눈으로 볼 때 놀라우리만큼 허점이 많아 보이는데 이는 우리가 오늘날의 지적 수준에서 되돌아보기 때문이다. 특히 그 당시 기억에 대한 개념을 제창한 인물 중의 몇몇은 역사상 가장 위대한 사상가로, 온 세상 사람들이 알고 있는 인물도 포함되어 있다.

BC 18세기경 파르메니데스(Parmenides: 소크라테스 이전 그리스의 주요 학파 중 하나인 엘레아학파를 세웠으며 형이상학의 창시자 중 하나로 알려진 그리스 철학자-옮긴이)는 기억이란 빛과 어둠 또는 뜨거움과 차가움의 혼합체로 존재한다고 생각했다. 그는 어떤 주어진 혼합체가 섞이지 않은 상태로 남아 있는 한 그 기억은 온전할 것이고 그 혼합체가 변하는 순간 망각이 일어난다고 믿었다. BC 5세기경 아폴로니아의 디오게네스(Diogenes)는 이와 다른 이론을 제기했다. 그는 기억이란 몸 안의 공기를 똑같이 분배하는 일로 구성된 하나의 과정이라고 주장했다. 그는 파르메니데스와 마찬가지로 이 균형이 깨졌을 때 망각이 일어난다고 생각했다.

BC 4세기경 플라톤(Plato)이 기억 분야에서 정말 중요한 개념을 처음으로 발표했다는 사실은 그리 놀랄 만한 일이 아니다. 밀랍판 가설(Wax Tablet Hypothesis)로 알려진 그의 이론은 오늘날까지도 여전히 인정받고 있다. 플라톤은 뾰족한 물체가 밀랍의 표면에 닿으면 흔적이

남듯이 마음도 똑같은 방식으로 인상(印象, Impression: 외부의 자극 또는 요인에 의하여 정신 또는 감각에 남는 효과를 뜻하는 의학 용어. Impression이라는 단어도 밀랍에 인장 반지를 눌러 찍는 데서 나왔다—옮긴이)을 받아들인다고 생각했고 일단 한 번 남겨진 인상은 시간이 지나면서 닳아 다시 한 번 매끄러운 표면이 될 때까지 남는다고 믿었다. 플라톤은 이 매끄러운 표면을 완전한 망각으로 간주했으며, 기억과 망각은 똑같은 과정의 정반대 면이라 생각했다. 나중에 분명하게 밝히겠지만 많은 사람들은 이제 기억과 망각이 완전히 다른 두 개의 과정이라는 것을 알고 있다. 플라톤 이후 얼마 지나지 않아 스토아학파의 제논(Zeno)이 플라톤의 이론에 약간의 수정을 가하여 감각이란 밀랍판에 실제로 인상을 새기는 것이라 주장했다. 하지만 이전의 사상가들처럼 제논도 마음과 기억에 관해 언급은 하면서도 신체 중 어느 기관이나 부위에 위치하는지는 말하지 않았다. 그나 모든 그리스인에게 있어 '마음'은 매우 막연한 개념이었다.

기억에 보다 과학적인 용어를 처음으로 도입한 사람은 BC 4세기 후반의 아리스토텔레스(Aristotle)였다. 그는 이전의 용어들이 기억의 물리적 측면을 설명하기에 적합하지 않다고 주장했다. 아리스토텔레스는 용어를 새로 적용하면서 오늘날 우리가 두뇌에 속한다고 알고 있는 기능의 대부분을 심장의 기능으로 분류했다. 그는 심장의 일부 기능이 혈액과 관련이 있다는 것을 깨달았고 기억은 혈액의 이동을 통해 이루어진다고 생각했다. 망각은 이 혈액의 이동이 점차 느려진 결과의 산물이라고 믿었다. 그리고 아리스토텔레스는 생각의 연상결합 법칙을 발표함으로써 기억 분야에 또 다른 중요한 공헌을 했다. 생각과 이미지의 연상결합이란 개념은 오늘날 기억력의 가장 중요한 요소로 알려져 있다. 이 책의 전반에 걸쳐서도 이러한 개념을 다루고 적용할 것이다.

BC 3세기경 헤로필로스(Herophilus: 그리스의 의학자. 과학적 해부학의 아버지로 불리고 있으며 인체를 해부하여 뇌가 신경의 중추임을 밝혔다-옮긴이)는 '생명(vital)' 정기와 '동물(animal)' 정기란 용어를 처음으로 사용했다. 그는 '상위 등급'의 생명 정기가 '하위 등급'의 동물 정기를 만들어내고 기억, 두뇌, 신경계를 관장한다고 생각했다. 하지만 그는 중요도에 있어 이 모든 것이 심장과 비교할 때 덜 중요하다고 생각했다. 그리고 인간이 동물보다 우수한 단 한 가지 이유를 두뇌에 있는 수많은 주름 때문이라고 여긴 것은 매우 흥미로운 일이다. (이 주름은 오늘날 대뇌 피질의 뇌회(腦回)로 알려져 있다.) 그러나 헤로필로스는 자신이 내린 결론에 이렇다 할 증거를 제시하진 못했다. 대뇌 피질의 진정한 중요성이 발견된 것은 그로부터 2000년도 더 지난 19세기의 일이었다.

그리스인은 기억의 정신적 근거에 상반되는 물리적 근거를 찾고자 한 최초의 사람이었다. 그들은 기억의 과학적인 개념을 발전시켰고 그 개념의 발전에 큰 영향을 미친 언어 구조를 개발해냈다. 그리고 밀랍판 가설의 성립에 크나큰 기여를 했고, 기억과 망각은 같은 과정을 지닌 서로 반대되는 면이라는 견해를 제시했다.

로마인

오늘날 우리의 지식으로 볼 때 기억에 대해 로마인이 이룬 이론적 기여도는 놀라울 정도로 미미하다. BC 1세기의 키케로(Cicero)와 AD

1세기의 퀸틸리아누스(Quintilian)를 포함한 로마 시대의 위대한 사상가들은 기억에 관한 밀랍판 가설을 의문의 여지없이 그대로 받아들였고 거기에 대해서 더 이상 연구를 하지 않았다. 그들이 기여한 매우 중요한 업적은 기억법의 개발이었다. 연결 기억법과 로먼 룸 기억법(Roman Room System)에 관한 개념을 처음으로 세상에 소개한 것도 그들이었다. 이 두 기억법에 관해서는 다음 장에서 설명하겠다.

교회의 영향

그 다음으로 기억 이론에 크게 기여한 사람은 AD 2세기의 위대한 의사였던 갈레노스(Galen)였다. 그는 여러 가지 해부학적, 생리학적 구조를 밝혀내고 기술했으며, 신경 조직의 기능과 구조에 관해 한층 더 깊이 연구했다. 후기 그리스인처럼 그도 기억과 정신 과정은 동물 정기의 하위 등급 중 일부라고 보았다. 그는 이러한 기억과 정신 과정이 두뇌의 측면에서 만들어져 기억이 그곳에 자리 잡는다고 생각했다. 또한 갈레노스는 공기가 두뇌로 빨려 들어가 생명 정기와 혼합된다고 생각했다. 이 혼합물이 신경계를 통해서 아래로 밀려 내려가 인간이 감각을 경험할 수 있게 해주는 동물 정기를 만들어낸다고 믿었다.

기억에 관한 갈레노스의 개념은 그 당시 엄청난 영향력을 행사하기 시작한 교회에 의해 빠른 속도로 받아들여지고 용인되었다. 그의 개념은 교리가 되었고, 그 결과 1500년 동안 이 분야는 거의 제자리걸음 수준에 머물렀다. 이 지적 제한은 철학과 과학이 배출해낸 몇몇 위대한 두뇌를 질식시켰다. AD 4세기경에 성 아우구스티누스(St

Augustine)는 기억이 영혼의 한 기능이고 영혼은 두뇌 속에 있다는 교회의 개념을 받아들였으나 결코 이 개념을 해부학적인 면으로는 확장하지 못했다.

성 아우구스티누스 시대부터 17세기까지는 이렇다 할 중요한 발전이 거의 이루어지지 않았다. 17세기에도 새로운 개념은 교리의 제한을 받았다. 심지어 위대한 사상가였던 데카르트(Descartes)조차도 갈레노스의 기본 개념을 받아들였다. 하지만 그는 기억이 촉발될 수 있는 곳에 도달할 때까지 동물 정기가 송과선(松果腺)에서 특별한 경로로 두뇌 도처에 보내진다고 생각했다. 그는 이 경로들이 명확할수록 동물 정기가 두뇌 도처를 돌아다닐 때 훨씬 쉽게 경로가 열린다고 생각했다. 그는 이런 식으로 기억 향상과 기억 흔적이라고 알려진 것의 진화를 설명했다. 기억 흔적이란 학습하기 전에는 존재하지 않는 신경계 내에서 일어나는 물리적 변화를 말한다. 이 기억 흔적이 우리로 하여금 회상할 수 있도록 하는 것이다.

이 조류에 동조하는 또 한 사람의 위대한 철학자는 토마스 홉스(Thomas Hobbes)다. 그는 기억에 관해 논의하고 관심을 지니긴 했지만 이미 언급된 개념에는 거의 의견을 개진하지 않았다. 그는 기억에 관한 비물리적 설명을 거부하면서 아리스토텔레스의 개념에 동의했다. 그러나 그는 기억의 진정한 본질을 명확히 밝히지 못했을 뿐만 아니라 기억이 일어나는 정확한 위치를 찾으려는 어떠한 의미 있는 시도조차 하지 않았다.

갈레노스와 교회의 억제력이 얼마나 깊은 영향을 주었는지는 17세기 지식인들의 이론을 살펴보면 분명하게 드러난다. 사실상 모든 위대한 사상가는 기억에 관한 초기 개념을 문제 제기 없이 받아들였다.

과도기-18세기

르네상스와 뉴턴의 개념에서 영향을 받은 최초의 사상가는 기억에 관한 진동 이론을 전개한 18세기의 데이비드 하틀리(David Hartley)였다. 하틀리는 진동하는 소립자에 관한 뉴턴의 개념을 적용하면서 두뇌에는 태어나기 전부터 시작되는 기억 진동이 있다는 견해를 제시했다. 그에 따르면 새로운 감각은 기존에 존재하던 진동의 각도, 종류, 위치, 방향을 바꾼다고 한다. 그리고 그 진동은 새로운 감각에 의해 영향을 받은 후 빠르게 본래의 상태로 되돌아간다. 그러나 만약 똑같은 감각이 다시 나타나면, 그 진동은 본래의 상태로 되돌아가는 시간이 조금씩 더욱 길어진다. 이러한 과정이 계속되면 마침내 진동은 새로운 상태 그대로 남게 되어 기억 흔적이 자리 잡는다는 것이다.

이 시대의 다른 주요 사상가로는 전기의 힘과 두뇌 기능을 최초로 연결했던 자노티(Zanotti)와, 하틀리의 개념을 신경 조직의 유연성과 관련지어 발전시켰던 보네트(Bonnet) 등이 있다. 보네트는 신경이 자주 사용될수록 더욱 쉽게 진동하고 기억을 더 잘한다는 사실을 깨달았다. 자노티와 하틀리의 이론은 관련 과학 분야의 발달에 크게 영향을 받았기 때문에 이전의 이론들보다 훨씬 정교해졌다. 이러한 개념의 상호 작용은 일부 현대 기억 이론의 초석이 되었다.

19세기

19세기에는 독일의 과학 발달과 더불어 기억 분야에도 몇 가지 중요한 진보가 있었다. 그리스인에 의해 시작되었던 많은 개념이 배격되었고, 기억에 관한 연구가 생물학적 차원으로까지 확장되었다.

체코슬로바키아의 생리학자 게오르그 프로차스카(Georg Prochaska)는 과학적인 근거나 입증할 증거가 전혀 없다는 이유로 동물 정기에 관한 낡은 개념을 마침내 완전히 거부했다. 그는 기존의 제한된 지식으로 두뇌 속에서 기억의 위치를 찾는 것이 시간 낭비일 뿐이라고 생각했다. 그는 "공간적인 위치 측정은 가능할지 모르지만 우리는 현재 유용한 개념을 만들 정도로 충분히 알고 있지 않다"고 말했다. 사실 기억이 작용하는 위치를 찾아내는 작업이 만족할 만한 연구가 된 것은 50년도 채 되지 않았다.

19세기에 등장한 또 다른 주요 이론은 프랑스 생리학자 피에르 플로렌스(Pierre Flourens)의 개념으로 기억은 두뇌의 모든 부분에 존재한다는 이론이다. 그는 두뇌는 전체적으로 작용하며 기본적인 요소의 상호 작용으로는 생각할 수 없다고 말했다.

현대 기억 이론

기억 연구의 발전은 20세기 과학 기술과 방법론의 진보에 힘입은 바가 크다. 예외 없이 거의 모든 생리학자와 이 분야의 다른 사상가는 기억이 뇌 피질의 표면을 감싸고 있는 두뇌의 대부분을 차지하는 대뇌에 위치하고 있다는 데 동의한다. 그러나 오늘날조차 기억하는 부위의 정확한 위치 측정은 기억 그 자체의 기능을 정확하게 이해해야 하는 일이므로 어려운 일로 증명되고 있다. 현재 기억 연구의 흐름은 세기의 전환기에 있었던 학습과 망각 곡선(11장 참조)에 관한 헤르만 에빙하우스(Hermann Ebbinghaus)의 연구에서 시작하여 복잡한 이론으로 발전해온 것이다. 연구와 이론은 대략 다음과 같은 세 분야로 나누어볼 수 있다.

1 기억의 생화학적 근거 연구
2 기억은 더 이상 단일 과정으로 간주될 수 없으며 여러 과정으로 세분화되어야 한다는 이론
3 임상 외과의사 와일더 펜필드의 두뇌 자극에 관한 연구

기억의 생화학적 근거를 찾는 연구는 1950년대 후반에 시작되었다. 이 연구에 따르면 합성분자인 RNA(리보 핵산)는 기억의 화학적 매개체 역할을 한다. RNA는 DNA(데옥시리보 핵산)라는 물질에 의해서 생성되는데 DNA는 우리의 유전 형질을 결정한다. 예를 하나 들면 우리의 눈 색깔을 결정하는 것도 DNA이다. 우리가 기억하는 방식과 RNA가 정말 관계가 있는지 알아보는 수많은 실험이 행해졌다. 그중 한 실험에서는 동물에게 어떤 훈련을 시켰더니 특정 세포에서 발견되는 RNA가 변화를 일으켰다. 또 다른 실험에서는 어떤 동물의 몸속에 있는 RNA의 생산을 멈추거나 조절했더니 이 동물은 학습을 할 수 없거나 기억을 할 수 없게 되었다. 그리고 더욱 흥미로운 실험이 행해졌는데 그 실험에서는 한 마리의 쥐에서 추출한 RNA를 다른 쥐에게 주입했더니 두 번째 쥐가 한 번도 배운 적이 없지만 첫 번째 쥐가 배운 적이 있는 것을 기억해냈다.

기억에 관한 연구가 계속되는 동안 다른 이론가는 '기억'을 강조하

는 걸 멈추고 '망각'에 관한 연구에 더 집중해야 한다고 주장한다. 그들은 우리가 기억하기보다는 점차 잊어버리고 있다는 견해를 갖고 있다. 이 개념을 포용하는 것이 기억과 망각에 관한 양면 이론인데, 그 이론에서 정보를 저장하는 방법에는 장기 기억과 단기 기억 두 가지가 있다고 한다. 예컨대 여러분은 방금 자신에게 주어진 전화번호를 회상하는 방식과 자신의 전화번호를 회상하는 방식에서 대개 서로 다른 '느낌'을 경험한다. 단기 기억 상태는 정보가 두뇌 안에 있기는 하지만 아직 적절하게 부호화된 상태가 아니기 때문에 한결 쉽게 잊힌다. 그러나 장기 기억 상태에서는 완전히 부호화되고, 정리되고, 저장되어 있기 때문에 평생은 아니더라도 최소한 수년 동안은 기억하게 된다.

직접적인 두뇌 자극에 관한 연구는 와일더 펜필드가 처음으로 시작했다. 간질병 환자의 발작을 줄이기 위해 뇌의 일부를 제거하는 개두술(두개골을 절개하고 뇌를 드러내서 행하는 뇌외과 수술-옮긴이)을 시술하게 되었을 때, 펜필드는 처음으로 두뇌의 한쪽 면 위에 있는 두개골의 한 부분을 제거해야 했다. 제거 수술에 들어가기 전 펜필드는 절개된 두뇌에 규칙적인 전기 자극을 주었다. 환자는 의식이 있는 상태였고 각각의 자극 후에는 자신의 체험을 말로 표현했다. 자극 초기에 펜필드는 두뇌의 측두엽(側頭葉)을 자극했고 그 환자는 어린 시절의 경험이 다시 되살아난다고 말했다.

펜필드는 대뇌 피질의 여러 부분을 자극하면 많은 반응을 야기하지만 측두엽의 자극만으로도 의미 있고 통합적인 경험의 기억을 이끌어낸다는 사실을 발견했다. 이 경험들은 색상, 소리, 움직임, 원래의 경험에 대한 감정적 내용 등을 포함해 재현된다는 점에서 대개 완벽하다.

이 연구에서 특히 흥미로운 점은 펜필드의 전기 자극에 의해 되살

아난 기억 중 일부는 보통 상태에서는 기억해낼 수 없다는 사실이다. 게다가 자극을 받아 회상한 경험은 정상적인 의식 상태에서 회상한 것보다 훨씬 더 명료하고 정확했다. 펜필드는 두뇌가 의식적으로 주의를 기울이는 것은 모두 기록한다는 점과 이 기록은 하루하루 지나면서 잊힐 수도 있지만 기본적으로는 영원하다는 점을 확신했다.

최근 들어 이론가들은 플로렌스의 이론과 유사한 견해로 되돌아가고 있다. 그들은 두뇌의 모든 부분이 모든 기억을 담고 있다고 말한다. 이 모델은 홀로그래피 사진술을 바탕으로 하고 있다. 간단히 말하자면 홀로그래피 사진술의 감광판은 단지 유리 조각이지만 두 줄기 레이저 광선이 적절한 각도로 통과되면 3차원 영상이 유령처럼 재생된다. 이 홀로그래피 사진술의 감광판에 관한 놀라운 사실 중 하나는 망치로 100개의 조각으로 박살을 낸 다음 조각난 파편의 한 조각을 집어 들고 두 줄기 레이저 광선을 통과시키면 여전히 똑같은(약간 흐릿할지라도) 3차원 영상이 만들어진다는 점이다. 따라서 홀로그래피 사진술의 감광판에 있는 모든 부분은 전체 영상의 축소 기록을 담고 있다.

영국의 과학자 데이비드 봄(David Bohm)을 위시한 몇몇 과학자는 두뇌가 이와 비슷하다고 말한다. 다시 말해서 1000만 개의 뇌세포 하나하나가 사실상 미니 두뇌로 작용하고, 우리가 지닌 측정 도구로는 아직 분간하기조차 어려운 매우 복잡한 방법으로 모든 경험을 기록한다는 것이다. 이 이론이 터무니없이 들릴지도 모르지만 우리가 꾼 꿈을 완벽하게 기억하는 것, 갑자기 떠오르는 기억, 완벽한 기억력을 지닌 사람의 기억, 로젠스위그의 실험을 통해 얻은 통계, 펜필드의 실험 결과, 아노킨 교수의 엄청난 수학적 연구 결과, 수많은 임사 체험 등을 설명하는 데 크게 도움이 된다.

*21세기(뇌의 세기)*는 우리가 두뇌와 기억에 관한 정보라는 놀랍고도 경이로운 세상의 문턱에 서 있다는 걸 깨닫게 해준다. 이 문턱은 수년 전 첫 번째 우주 탐사 로켓과 우주 망원경이 우주 탐사를 시작했을 때의 천문학 상황과 유사하다. 여러분이 이 책을 읽는 동안에도 전 세계의 연구가와 과학자는 경이로운 두뇌와 믿을 수 없는 기억의 잠재력에 관한 놀랍고도 새로운 발견을 계속하고 있다.

두뇌는 몇 개인가?

이러한 현대 기억 연구는 우리의 두뇌가 하나가 아니라 여러 개라는 새로운 사실을 추가로 발견했다. 로저 스페리(Roger Sperry) 교수는 이 분야에서 획기적인 연구로 노벨상을 수상했다. 스페리 교수는 우리의 두뇌가 두 개의 생리학적 부분으로 나누어져 있고 각각 다른 정신 기능을 담당하고 있다는 사실을 발견했다.

1980년대에 스페리 교수의 연구는 에란 자이델(Eran Zaidel) 교수에 의해 계속되었는데, 그는 원래 생각했던 것보다 대뇌 피질 기능의 범위가 훨씬 넓게 분포되어 있다는 것을 발견했다. 자이델 교수는 양쪽 대뇌 반구가 대뇌 피질 기능의 전 영역을 수행하는 잠재력이 있음을 입증했다.

원래 이러한 기능은 다음과 같이 좌뇌와 우뇌로 나뉘어 작용한다고 생각했지만 현재 우리는 이 기능들이 대뇌 피질 전체에서 작용한다는 사실을 알게 됐다.

좌뇌에서 처리하는 정신 기능

1 논리

2 단어

3 목록

4 숫자

5 순서

6 선

7 분석

우뇌에서 처리하는 정신 기능

1 리듬

2 상상

3 공상

4 색상

5 입체

6 공간 지각

7 게슈탈트(gestalt: 전체 그림)

또한 스페리와 다른 과학자들은 사람들이 양쪽 두뇌를 함께 사용하면 할수록 한쪽 두뇌의 사용이 다른 쪽 두뇌의 사용을 돕는다는 사실을 발견했다. 예를 들면 음악을 공부하면 수학 공부에 도움이 되고, 수학을 공부하면 음악 공부에 도움이 된다. 그리고 리듬을 공부하면 언어 공부에 도움이 되고, 언어를 공부하면 신체적인 리듬을 익히는 데 도움이 된다. 또한 입체를 공부하면 수학 공부에 도움이 되

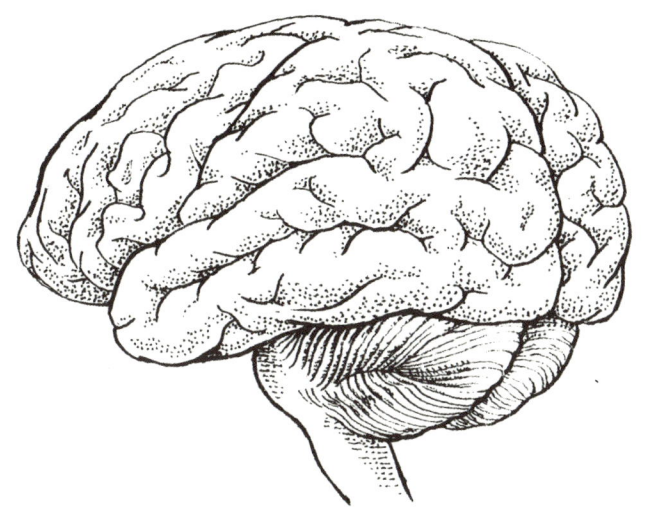

이 그림은 두뇌를 단순화한 것인데 마치 눈으로 보는 관점에서 왼쪽 어깨의 좌측을 엑스레이로 찍은 것처럼 그림으로 묘사한 것이다. 따라서 여러분은 왼쪽 대뇌 피질을 바라보고 있는 것이고 좌뇌는 논리, 단어, 목록, 숫자, 순서, 선, 분석 등의 정신 기능을 다룬다. 오른쪽 대뇌 피질, 즉 여러분이 방금 본 왼쪽 대뇌 피질의 뒤쪽은 리듬, 상상, 공상, 색상, 입체, 공간 지각, 게슈탈트 등의 정신 기능을 다룬다. 이 두 영역의 기능이 결합하면 슈퍼파워를 지닌 기억력이 주어진다.

고, 수학을 공부하면 두뇌가 입체를 개념화하는 데 도움이 된다는 사실이 밝혀졌다. 마찬가지로 양쪽 두뇌를 많이 사용할수록 기억 전체는 대체로 더욱 많이 수용할 수 있게 되고, 기억하는 전 과정은 더욱 즐거워진다는 사실이 밝혀졌다.

결문

여러분이 지금까지 무엇을 배웠든지 간에 이러한 각각의 재능들은 자신의 내부 어딘가에 숨어 있으면서 자유로워지기만을 기다리고 있다.

4장
슈퍼파워 메모리의 기본 원리

개요

- 기억 원리
- 기억 키 이미지어(Key Memory Image Words)

그리스인은 기억력을 대단히 숭배해서 기억의 여신 므네모시네(Mnemosyne)를 창조했다. 오늘날의 기억술(mnemonics)이란 단어는 그녀의 이름에서 유래한 말이며, 여러분이 이 책을 통해 배우려는 기억 기법을 총칭하는 데 사용되고 있다.

그리스와 로마 시대의 원로원 의원은 뛰어난 학식과 기억력으로 다른 정치가와 대중을 감동시키기 위해 기억 기법을 익히곤 했다. 로마인은 간단하면서도 정교한 이 기법을 사용하여 제국에 관한 통계적 수치를 포함한 수천 개의 항목을 정확히 기억할 수 있었고 당대의 통치자로 군림할 수 있었다.

좌뇌와 우뇌 구조로 생리학적 기능이 나뉘어 있다는 사실을 우리가 발견하기 훨씬 이전부터 그리스인은 이미 완벽한 기억을 보장하는 두 가지 기본 원리가 있음을 직관적으로 깨달았다.

'상상력'과 '연상결합'이 바로 그것이다.

반면 오늘날 우리 대부분은 상상력을 사용하는 데 큰 어려움을 겪고 있고 머릿속에서 일어나는 연상결합의 본질에 대해서 거의 배우지 못하고 있다. 그리스인은 정신 기능의 토대가 되는 이 두 가지 원리를 강조했고 우리에게 그 원리를 더욱 발전시킬 수 있는 길을 열어주었다.

어떤 것을 기억하고자 한다면 아주 간단하다. 여러분이 해야 할 것은 처음부터 끝까지 자신의 상상력에 의존하면서 이미 알고 있는 정보나 고정 항목(이 책에 소개된 기억법은 여러분에게 쉽게 기억되는 고정 항목을 제공해줄 것이다)을 기억하고자 하는 것과 연상결합(연결)하는 게 전부이다.

기억 원리

그리스인들이 고안한 완벽한 기억 원리는 최근 좌뇌와 우뇌에 관해 밝혀진 정보와 정확히 맞아떨어진다. 과학적인 토대도 없이 그리스인은 잘 기억하기 위해서 두뇌의 모든 면을 이용해야 한다는 것을 잘 알고 있었다. 이 장에서는 이 기억 원리에 대해 간략히 설명하겠다.

잘 기억하기 위해서는 연상결합으로 연결된 마음의 풍경 속에 아래 12가지 기억 원리를 함유해 녹아들게 해야 한다. 이 12가지 기억 원리는 첫 글자를 기억 부호로 활용한 SMASHIN' SCOPE로 쉽게 기억할 수 있다.

1 • 공감각/감수성(Synaesthesia/Sensuality)

공감각이란 감각의 혼합을 의미한다. 천부적으로 기억력을 타고난 사람이나 위대한 기억술사는 각자의 감각에서 특별한 감수성을 개발하여 발달시킨 다음 높은 회상력을 얻기 위해 그 감각을 혼합하였다. 기억력을 향상시키기 위해서는 다음의 감각을 더욱 민감하게 만들고 규칙적으로 감각 훈련을 하는 것이 필수적임이 밝혀졌다.

a) 시각
b) 청각
c) 후각
d) 미각
e) 촉각
f) 운동 감각 – 공간에서의 몸의 위치와 움직임에 대한 지각

2 • 움직임(Movement)

모든 기억 이미지에서 움직임은 두뇌가 연결하여 기억할 수 있도록 또 다른 거대한 영역의 가능성을 더해준다. 이미지에 움직임을 부여하면서 3차원적 입체감을 만들어라. 움직임을 세분화하면서 기억 이미지에 리듬을 사용하라. 여러분의 마음속 영상, 즉 심상에 리듬을 더 많이 사용하고 리듬에 변화를 줄수록 이미지는 더욱 눈에 띄게 두드러지기 때문에 기억이 훨씬 잘 된다.

3 • 연상결합(Association)

기억하고자 하는 것이 무엇이든 자신의 머릿속에 고정되어 있는 정보와 반드시 연상결합하거나 연결하라. 숫자 1을 보면 바로 그림 그리는 붓이 떠오르게 하는 걸이못 기억법(Peg Memory System)을 예로 들 수 있다(78쪽 참조). 또한 연결 기억법(5장 72쪽 참조)도 마찬가지다.

4 • 성적 관심(Sexuality)

우리 모두는 이 분야에서 사실상 완벽한 기억력을 지니고 있다. 그 것을 이용하라!

5 • 유머(Humour)

재미있고 우스꽝스럽고 바보 같고 환상적인 이미지를 만들수록 그 이미지는 더욱 두드러져 기억하기가 훨씬 쉬워진다. 기억하는 걸 즐겨라.

6 • 상상(Imagination)

상상력은 기억의 발전소이자 토대이다. 아인슈타인은 "상상력이야말로 지식보다 중요하다. 지식은 한계가 있지만 상상력은 세상 전체를 아우르고 진보를 자극하고 발전을 낳기 때문이다"라고 말했다. 기억에 생생한 상상력을 적용하면 할수록 기억력은 좋아진다.

7 • 숫자(Number)

숫자를 사용하는 것은 순서와 차례의 원리에 특수성과 효율성을 부가한다.

8 • 상징적 표현(Symbolism)

평범하거나 지루한 이미지 대신에 의미 있는 이미지를 사용할수록 회상의 가능성은 더욱 높아진다. 또한 '일단 정지 표지'나 '전구' 등과 같은 전형적인 상징 부호를 사용하는 것도 효과적이다.

9 • 색상(Colour)

언제나 적재적소에 온갖 색상을 사용하라(색채가 강렬한 펜이나 강조할 수 있는 형광펜을 사용하는 것이 좋다). 색은 생각을 더욱 생생하게 하여 더욱 쉽게 기억에 남도록 만든다.

10 • 순서 또는 차례(Order or Sequence)

순서를 정하거나 차례로 배열하는 것을 다른 원리들과 동시에 사용하면 훨씬 더 빠르게 참조할 수 있을 뿐만 아니라 두뇌의 '랜덤 액세스(Random Access: 어떤 위치라도 곧바로 접근할 수 있다는 의미이다. 컴퓨터 용어로는 '임의 접근'이라고 하는데 축적된 기억을 임의의 순서로 이용할 수 있는 방식을 뜻한다-옮긴이)'의 가능성을 높여준다. 예를 들면 작은 것에서 큰 것으로, 같은 색상끼리 그룹으로 나누고, 범주를 기준으로 분류하고, 위계적으로 모으는 것 등이다.

11 • 긍정적 이미지(Positive Images)

대부분 긍정적이고 즐거운 이미지는 두뇌가 다시 접하고 싶어 하기 때문에 기억력을 좋게 한다고 판명되었다. 부정적인 이미지는 설령 앞에서 언급한 모든 원리를 적용하여 안과 밖에 걸쳐 기억될 만한 요소를 두루 갖춘다 하더라도, 그 이미지를 접하는 것이 불쾌하리라는 것을 알기 때문에 두뇌에 의해 차단된다.

12 • 과장(Exaggeration)

모든 이미지의 크기와 모양, 그리고 소리를 (작거나 크게) 과장하라. 그렇게 하면 잊히지 않는다.

기본 기억 원리는 머리글자를 기억 부호로 이용하여 기억할 수 있다. 첫 글자를 순서대로 'SMASHIN' SCOPE'라는 구절로 바꿔라. 그렇게 하면 'SMASHIN' SCOPE'를 영원히 기억하게 된다.

기억 키 이미지어

모든 기억법에는 키워드가 있다. 이 키워드는 기억하고자 하는 항목을 걸어주는 고정된 걸이못과 같은 역할을 한다는 점에서 '기억 키 워드(Key Memory Words)'라고 할 수 있다. 그리고 보다 명확히 말하자면 기억 키워드는 기억법을 사용하는 사람의 마음속에서 그림이나 이미지를 만들어내야 하기 때문에 하나의 '이미지어(Image Word)'가 된다. 그래서 '기억 키 이미지어(Key Memory Image Words)'라는 용어가 만들어지게 되었다.

순수성

다음 장부터 소개되는 보다 정교한 기억법을 익히다 보면, 자신의 마음속에서 만들어지는 그림에 스스로 기억하고자 하는 항목만 포함하는 것이 얼마나 중요한지 깨닫게 될 것이다. 그리고 기억하려는 항목이나 단어는 반드시 키 이미지어와 연상결합되거나 연결되어야 한다. 기억법에서 기억 키 이미지와 자신이 기억하려는 것들 사이의 연결은 본래의 성질을 바꾸지 않으면서 가능한 순수하고 복잡하지 않게 해야 한다.

이것은 기억 키 이미지와 기억하려는 것을 다음과 같이 연결함으로써 그렇게 할 수 있다.

1 함께 부서지게 하라.
2 함께 꽂히게 하라.
3 서로 위에 두라.
4 서로 아래에 두라.
5 서로 안에 두라.
6 서로 대신하라.
7 새로운 상황에 놓으라.
8 함께 엮어 짜라.
9 함께 포장하도록 하라.
10 말하라.
11 춤추라.
12 색상, 향기, 동작을 공유하라.

이제 여러분은 그리스인에 의해 고안되었지만 거의 2000년 동안 단순한 속임수로 간주된 채 버려졌던 기억법이 사실은 인간 두뇌가 실제로 작용하는 방법을 바탕으로 한다는 것을 알게 되었을 것이다. 고대 그리스인은 좌뇌 피질의 기능으로 알려진 단어, 차례, 순서, 숫자 등과 우뇌 피질의 기능으로 알려진 상상, 색상, 리듬, 입체, 공상 등의 중요성을 알고 있었다.

　기억의 여신 므네모시네는 그리스인에게 가장 아름다운 여신이었다. 신들의 왕 제우스가 그 어떤 여신이나 인간보다 더 많은 밤을 그녀와 함께 지냈다는 사실이 그것을 증명한다. 제우스는 9일 낮과 밤을 그녀와 함께했고 그 사랑의 결과 연애시, 서사시, 찬가(讚歌), 무용, 희극, 비극, 음악, 역사, 천문을 주관하는 9명의 여신인 뮤즈가 태어났다. 그 당시 그리스인은 기억(므네모시네)에 활력(제우스)을 불어넣으면 창의성과 지식이 함께 만들어진다고 생각했다.

　그리스인의 생각은 옳았다. 기억 원리와 기억 기법을 적절히 적용한다면 이 책에서 소개하는 다양한 방법을 통해 기억력이 향상될 뿐만 아니라 창의력도 높아질 것이다. 더불어 이 두 가지 능력의 향상과 함께 자신의 전반적인 두뇌 기능과 지식을 흡수하는 능력도 급속히 향상될 것이다. 그리고 또한 여러분은 두뇌의 좌뇌 피질과 우뇌 피질을 새롭게 기능적으로 통합하는 능력을 개발하게 될 것이다.

결문

　다음 장부터는 아주 간단한 기억법에서부터 기억술사에게 태양계의 태양이라 할 수 있는 마인드맵을 포함한 더욱 고차원적인 기억법을 다양하게 다룰 것이다. 이를 통해 여러분은 놀라운 결과를 지속적으로 얻고 마지막 장에서는 자신의 기억을 향후 오랫동안 유지할 수 있는 방법을 알게 될 것이다.

5장
쉽고도 재미있는
연결 기억법

개요

● 연결 기억법 기억력 테스트

이 장을 통해 여러분은 스스로 자신의 기억력을 향상시킬 수 있음을 알게 될 것이고, 그로 인해 상상력과 창의력 또한 엄청나게 커지는 것을 깨달을 것이다.

연결 기억법은 모든 기억법의 가장 기본으로서 극히 고차원적인 기억법을 아주 쉽게 배울 수 있는 토대를 제공한다. 이 기본 기억법은 쇼핑 리스트처럼 간단한 항목으로 이루어진 리스트를 기억하는 데 유용하다. 리스트의 각 항목은 다음으로 이어지는 항목과 연결되거나 연상결합된다. 연결 기억법을 사용하는 동안 여러분은 다음 12가지 기억 원리를 전부 사용하게 될 것이다.

공감각/감수성	움직임
연상결합	성적 관심
유머	상상
숫자	상징적 표현
색상	순서 또는 차례
긍정적 이미지	과장

또한 다음 6가지 감각들도 함께 사용하게 될 것이다.

미각	촉각	후각
시각	청각	리듬/운동 감각

이 기억 원리와 두뇌 기능을 모두 사용하면 좌뇌와 우뇌의 역동적인 관계가 활성화되므로 두뇌 능력은 전반적으로 향상된다. 예컨대 다음 리스트를 여러분이 구입해야 할 쇼핑 리스트라고 생각해보라.

은 숟가락 1개	음료수 잔 6개
바나나	세숫비누
달걀	세탁 분말 세제
치실	통밀빵
토마토	장미

아주 작은 종이에 급히 쓰거나 그저 반복해서 모든 항목을 외우려다가 결국 두세 개를 잊어버리지 말고 기억 원리를 다음과 같이 간단

히 적용하라.

놀라우리만큼 완벽한 균형 묘기를 펼치면서 현관문을 나서는 자신을 상상하라. 입에는 아주 엄청나게 큰 **은 숟가락**이 있는데, 마치 입 안에서 숟가락의 금속을 '느끼고' '맛을 보고' 있는 것처럼 이 사이로 숟가락 손잡이 끝을 꽉 물고 있다.

숟가락 주둥이 안에는 '과장되어' 비정상적으로 아름다운 크리스털 **잔 6개**가 아슬아슬하게 균형을 유지하고 있고, 그 잔을 통해 반사되는 번쩍이는 햇빛이 여러분의 눈을 부시게 한다. 감탄스런 눈길로 크리스털 잔을 보고 있으면 은 숟가락 위에서 잔이 찬찬히 부딪치며 딸랑거리는 소리도 '들을' 수 있다. 여러분은 거리로 나가자마자 '노란색과 갈색의 거대한 바나나'를 밟았고, 발아래에 있던 **바나나**가 '휙 하는 소리'를 내면서 '미끄러진다'. 여러분은 환상적인 곡예사라서 넘어지지 않고 가까스로 균형을 잡으면서 자신 있게 다른 쪽 발을 땅 위에 디뎠는데 아뿔싸, 이번에는 아른아른 빛나는 하얀 **세숫비누**를 밟아버렸다. 여러분이 아무리 환상적인 곡예사라도 이번에는 어쩔 수가 없어서 뒤로 넘어져 **달걀** 더미 위에 엉덩방아를 찧었다. 달걀 더미 속으로 가라앉으면서 달걀 껍데기가 깨지는 소리가 '들리고' 노른자위의 노란색과 흰자위의 흰색이 '보이고' 축축한 것이 옷 속으로 스며드는 것이 '느껴진다'. (《컬러 도판 1》을 참조하라.)

'상상력'을 무언가 '과장'하는 데 사용하면서 상상하는 속도를 높이도록 하라. 잠시 후 집 안으로 되돌아가서 옷을 벗어 세탁기에 넣은 다음 **세탁 분말 세제**를 풀어 넣고 세탁한다. 그리고 나서 현관문 밖으로 나가고 있는 자신을 다시 한 번 마음속으로 시각화하라. 이때 여러분은 앞의 사건으로 약간 피곤하기 때문에 '수백만' 가닥의 **치실**로 만들어진 '거대한' 밧줄을 잡고 가게들이 모여 있는 곳으로 향한다. 이 밧줄은 현관문에서 약국까지 '연결되어' 있는 상태다.

이렇게 갖은 애를 쓰는 바람에 시장기를 느끼기 시작할 즈음 따뜻한 바람에 실려 갓 구운 **통밀빵**의 '믿을 수 없을 정도로 강렬한 냄새'가 밀려온다. 갓 구운 빵의 '맛'에 대한 생각으로 '유별나게' 침을 흘리고 코를 킁킁거리면서 냄새에 이끌려가는 자신을 '상상하라'. 빵집에 들어서자 여러분은 놀랍게도 선반 위의 모든 빵이 '빨간' **토마토**로 현란하게 '넘실대고' 있다는 것을 알아차린다. 바로 새로운 음식 유행에 맞춘 빵집 주인의 최신 아이디어다.

빵집을 나와 토마토와 통밀빵을 와삭와삭 '요란스럽게' 먹으며 걸어가는데 지금까지 여러분이 봤던 사람 중에서 가장 '섹시한' 여자가 '엉덩이를 흔들며' 걸어 내려가는 모습이 눈에 들어온다(이러한 이성에 대한 상상은 계속해도 된다). 여러분의 즉각적인 본능이 그녀에게 **장미**를 사주도록 부추긴다. 그래서 가장 가까운 꽃집으로 뛰어 들어갔는데 그 꽃집은 빨간 장미만 팔고 있다. 꽃집의 빨간 장미를 몽땅 사서 그녀에게 가는데 '신선한' 잎사귀와 '빨간' 꽃잎의 장미를 들고 가면서 느끼는 꽃의 '감흥'과 가시의 '감촉'과 장미 그 자체에서 나는 '향기'에 '현기증이 일어난다'.

이 상상을 다 읽었으면 눈을 감고 여러분이 방금 완성한 이미지 스토리를 처음부터 끝까지 회상하라. 쇼핑 리스트에 있는 10개의 항목을 모두 기억할 수 있다고 여기면 다음 쪽을 펴서 빈칸에 쇼핑 항목을 모두 적어라. 만약 기억할 수 없다면 이 장을 다시 처음부터 끝까지 읽고, 스토리의 사건을 차례로 자신의 마음속 스크린에 신중하게 시각화하라. 준비가 되었다면 다음 테스트로 넘어간다.

기억력 테스트

아래 빈칸에 여러분이 구입해야 할 10개의 물건을 적도록 하라.

_____
_____
_____
_____
_____
_____
_____
_____

7개 이상을 맞혔다면 여러분은 이미 목록 기억에서는 상위 1퍼센트에 속한다. 여러분은 지금까지 두뇌의 무한한 잠재력을 여는 기본적인 열쇠를 사용한 것이다.

결문

직접 리스트 두 개를 만들어 연결 기억법을 실습해보라. 기억 원리를 철저히 활용해야 한다. 상상력이 풍부하고 우스꽝스럽고 감각적일수록 좋다. 연습을 끝냈으면 다음 장으로 넘어가보자.

6장
기억을 머릿속 옷걸이에 걸어라 1
: 숫자 – 모양 기억법

5장에서 배운 연결 기억법에서는 숫자와 순서를 제외한 모든 기억 원리를 이용했었다. 이제 우리는 걸이못 기억법의 첫 단계로 들어간다.

걸이못 기억법은 결코 변하지 않으면서 기억하고자 하는 모든 것을 연결하고 연상결합할 수 있는 특별한 기억 키 이미지 리스트를 사용한다는 점에서 연결 기억법과 다르다. 걸이못 기억법은 한정된 수의 옷걸이가 달린 옷장과 아주 많이 닮았다고 생각할 수 있다. 옷걸이 자체는 결코 변하지 않지만 옷걸이에 거는 옷은 무한정 바꿀 수 있다. 여기서 다루고자 하는 첫 번째 걸이못 기억법은 숫자 – 모양 기억법으로 숫자와 모양을 옷걸이로 표현하고 기억하고자 하는 것은 옷걸이에 걸리는 옷으로 표현한다. 이 숫자 – 모양 기억법은 1부터 10까지의 숫자만 사용하는 쉬운 기억법이다.

가장 좋은 기억법은 이미 만들어진 것을 사용하기보다 여러분 스

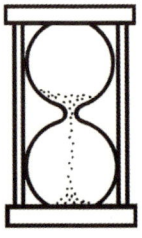

숫자-모양 기억법에서는 숫자와 닮은 이미지들이 기억하고자 하는 항목들과 연결할 옷걸이나 갈고리로 사용된다. 예컨대 숫자 2에 상응하는 일반적인 키 이미지는 백조다.

스스로가 창조한 것을 사용하는 것이다. 인간의 생각은 한없이 따르고 여러분이 갖게 될 연상결합, 연결 그리고 이미지도 다른 사람의 것과 전반적으로 다르기 때문이다. 여러분 자신의 창의적 상상력으로 만들어낸 연상결합과 이미지는 외부에서 '이식된' 어떠한 연상결합이나 이미지보다 훨씬 오래 지속되고 더욱 효과적일 것이다. 따라서 나는 기억법을 구성할 수 있는 방법을 정확하게 설명하고 동시에 실제 사용의 예도 보여줄 것이다.

숫자-모양 기억법에서 여러분은 1에서 10까지의 숫자에 연결할 이미지만 생각하면 된다. 이미지와 숫자는 같은 모양을 하고 있기 때문에 각각의 이미지는 숫자를 생각나게 한다.

좀 더 쉽게 이해할 수 있도록 예를 들면, 대부분의 사람들이 숫자 2로 사용하는 숫자-모양 기억 키워드는 백조이다. 숫자 2는 백조와 모양이 비슷하고, 백조는 숫자 2가 지니고 있는 활발하고 우아하다는 통념과 닮았기 때문이다.

다음 쪽에 나열된 리스트는 1부터 10까지의 숫자다. 각 숫자 옆의 빈칸에 그 숫자의 모양과 가장 비슷하다고 생각되는 이미지를 여러 개의 단어로 연필을 사용하여 써넣어라. 단어를 고르면서 단어의 이미지가 다양한 색상과 잠재적인 기본 상상력을 많이 내포하고 있는, 특히 시각적인 효과가 뛰어난 이미지인지를 확인하라. 자신의 기억 SMASHIN' SCOPE를 사용하여 여러분이 기억하려는 것과 쉽고 재미있게 연결할 수 있는 이미지를 선택해야 한다.

이와 관련하여 몇 가지 예를 들면 아래와 같다.

1 **그림 붓,** 막대기, 연필, 펜, 페니스, 지푸라기, 양초
2 **백조,** 오리, 거위
3 **심장,** 가슴, 이중 턱, 엉덩이, 두더지가 파놓은 흙 두둑
4 **요트,** 탁자, 의자
5 **갈고리,** 심벌즈와 드럼, 임산부
6 **코끼리 코,** 골프채, 체리, 담뱃대
7 **벼랑,** 낚싯대, 부메랑
8 **눈사람,** 롤빵, 모래시계, 몸매 좋은 여자
9 **막대 달린 풍선,** 테니스 라켓, 정자, 올챙이, 깃발
10 **야구 방망이와 야구공,** 로렐과 하디(Laurel and Hardy: 미국 희극 영화의 명콤비를 말하는 것으로 각자 홀쭉이와 뚱뚱이 역을 맡아 짝을 이루었다-옮긴이)

1부터 10까지의 리스트를 완성하는 데 스스로 10분 이상을 넘기지 않도록 하라. 만약 몇몇 숫자가 어렵다고 느껴지더라도 염려하지 말고 그냥 읽어나가라.

숫자	숫자와 모양이 비슷한 이미지어
1	_____
2	_____
3	_____
4	_____
5	_____
6	_____
7	_____
8	_____
9	_____
10	_____

이제 여러분은 여러 개의 숫자-이미지를 직접 만들었고 다른 사람이 만든 예도 살펴보았으니 각각의 숫자에 해당하는 이미지 중에서 자신에게 가장 적합한 숫자-모양 기억 키 이미지를 선택해야 한다.

선택했으면 각각의 숫자에 해당하는 자신의 이미지를 다음 장에 그리도록 하라. (스스로 그림을 잘 그리지 못한다고 생각해 머뭇거리거나 그리지 않으려는 생각은 하지 마라. 여러분의 우뇌는 연습이 필요하다.) 이미지에 다양한 색을 사용하면 더욱 좋다.

이 단락을 다 읽은 뒤에는 눈을 감고 마음속으로 1부터 10까지의 숫자를 순서대로 훑어보면서 스스로 테스트하라. 각각의 숫자가 떠오를 때마다 앞서 자신이 선택하고 그렸던 숫자-모양 기억 키 이미지를 마음속으로 연결하라. 이때 과장, 색상, 움직임 등과 같은 기억 원리를 두루 사용하여 연결하라. 감긴 눈꺼풀이 비디오 스크린인 것처럼 실제로 이미지를 띄워서 보거나 듣고, 경험하고, 맛보고, 냄새를 맡아보라. 이 연습을 한 번 한 다음에는 거꾸로 10번부터 1번까지의 숫자를 훑어보면서 기억 원리를 다시 적용하여 선택한 단어와 또다시 연결하라. 그리고 나서 가능한 한 빨리 무작위로 아무 숫자나 선택하여 해당 이미지가 마음속에 얼마나 빠르게 떠오르는가를 알아보는 게임을 해보라. 마지막으로 지금까지의 전체 과정과 반대로 여러분의 머릿속 가상 스크린에 이미지를 먼저 띄운 다음 얼마나 빨리 이미지에 해당하는 기본 숫자를 연결할 수 있는지 알아보라. 이제 연습을 시작해보자.

1

2

3

4

5

6

7

8

9

10

여러분은 대부분의 사람들이 어렵다고 여기는 기억 기술을 이미 익혔다. 자신의 기억력과 창의적 상상력으로 평생 동안 사용할 수 있는 방법을 만든 것이다. 그리고 그 방법은 좌뇌와 우뇌의 능력 둘 다를 결합하고 있다.

이 기억법을 사용하면 간단하면서도 재미있을 뿐만 아니라 주요 기억 장치인 '연결'·'연상결합'·'상상'을 수반하게 된다. 예컨대 앞 장에서와 같이 단순한 연결이 아닌 숫자 순서대로, 또는 역순이나 무작위 순으로 여러분이 기억하는 10개의 항목 리스트가 있다면 숫자-모양 기억법은 기억하는 전 과정을 쉽게 만든다.

다음 항목의 리스트를 기억하려 한다고 가정해보자.

1   교향곡(Symphony)   2   기도(Prayer)

3   수박(Watermelon)   4   화산(Volcano)

5   오토바이(Motorcycle)   6   햇살(Sunshine)

7 애플파이(Apple pie)   8 꽃(Blossoms)
9 우주선(Spaceship)   10 밀밭(Field of wheat)

　이 항목들을 순서에 상관없이 기억하기 위해서는 적합한 숫자-모양 기억 키 이미지와 항목을 연결하기만 하면 된다. 이때 연결 기억법에서와 같이 모든 기억법은 기억 원리가 빠짐없이 적용되어야 한다. 예를 들면 상상력은 발휘하면 할수록 좋다. 숫자-모양 기억법을 사용하여 이 10개의 항목을 완벽하게 암기하는 데 3분이 넘지 않도록 하라. 그리고 나서 아래 답안지에 써넣어라. 자신의 숫자-모양 이미지어와 각각의 숫자와 함께 기억해야 할 항목 둘 다를 써넣어라. 자신 있다고 느껴지면 지금 바로 시작하라. 만약 그렇지 않다면 84~86쪽의 예를 먼저 읽어보는 것도 도움이 될 수 있다.

	걸이못 단어	항목
1		
2		
3		
4		
5		
6		
7		
8		
9		
10		

이 연습이 조금 어렵다고 여기는 사람을 위해 하나의 가이드를 제시하겠다. 다음은 기억할 10개 항목이 숫자-모양 기억 키 이미지들과 연결되는 방법의 한 예이다.

1 **교향곡**을 기억하기 위해서는 지휘자가 거대한 **그림 붓**을 들고 연주자에게 물감을 튀기면서 열광적으로 지휘하는 모습을 상상한다. 또는 모든 바이올린 연주자가 지푸라기를 들고 바이올린을 켜고 있는 모습을 상상한다. 또는 연주자 모두가 거대한 성기로 연주하고 있다고 상상한다(우스꽝스럽게 과장하고 성적 관심의 원리를 적용한 표현이다-옮긴이). 자신이 상상한 것이 무엇이든 기억 원리가 적용되어야 한다는 걸 잊지 마라.

2 **기도**는 추상적인 단어다. 종종 추상적인 단어는 기억하기 어려운 것으로 잘못 알려져 있다. 적절한 기억 기법을 사용하면 이미 여러분이 알게 된 바와 같이 꼭 그렇지만도 않다는 걸 깨달을 것이다. 여러분이 해야 할 것은 추상적인 것을 구체적인 형태로 '상상' 하는 것뿐이다. 기도할 때의 손 모양처럼 **백조**나 오리 또는 거위가 날개를 추어올리는 모습을 상상한다. 또는 새인 목사가 백조, 거위, 오리와 함께 기도로 예배를 드리고 있는 교회의 모습을 상상한다.

3 숫자 3과 수박을 연결지어 기억하는 것은 매우 쉽다!

4 바닷속에 있는 거대한 **화산**이 여러분의 **요트** 아래에서 사나운 기세로 용암을 뿜어내는 것을 보면서 화산에서 분출되는 수증기와 여기

서 들리는 쉿쉿 하는 소리가 요트를 실제로 물 위로 솟구치게 하는 장면을 상상한다. 또는 여러분이 막 앉으려고 하는 의자 위에 축소된 화산이 놓여 있는 장면을 상상한다. 또는 화산 폭발을 실제로 막을 수 있을 정도로 거대한 탁자를 상상한다.

5 거대한 **갈고리**가 갑자기 하늘에서 내려와 도로를 질주하고 있는 자신과 **오토바이**를 끌어올리는 장면을 상상한다. 또는 오토바이를 타고 가다가 엄청난 소리와 함께 악기점을 무너뜨리며 들이받고는 심벌즈와 드럼 위에 뒤집어엎어지는 장면을 상상한다. 또는 배가 많이 부른 임신부가 오토바이 위에 걸터앉아 있는 모습을 상상한다.

6 **햇살**이 **코끼리** 코에서 쏟아져 나오는 장면을 상상한다. 또는 골프채를 공중으로 부드럽게 휘둘렀는데 그것이 햇살 속으로 휘말려 태양으로 빨려 들어가는 장면을 상상한다. 또는 햇살이 마치 레이저처럼 체리를 쏘자 눈앞에서 체리가 거대하게 부풀어 오르고, 여러분이 그 체리를 깨물어 과즙이 턱 아래로 뚝뚝 흘러내리는 채로 맛보는 장면을 상상한다.

7 거대한 **벼랑**이 사실은 완전히 **애플파이**로 이루어져 있다고 상상한다. 또는 낚싯대에 물고기 대신 애플파이(더럽혀지고 흠뻑 젖었지만 그래도 여전히 무척 맛있는)가 걸린 장면을 상상한다. 또는 멀리 날아간 부메랑이 산만큼 커다란 애플파이에 푹 꽂혀 되돌아오지는 않고 사과와 파이 껍질의 맛있는 냄새만이 풍겨온다고 상상한다.

8 전체를 아주 아름다운 분홍색 **꽃**으로 장식한 **눈사람**을 상상한다. 또는 모래가 아니라 수백만 개의 작은 꽃들이 부드럽게 떨어지면서 시간을 알려주는 모래시계를 상상한다. 또는 떨어진 꽃들이 허리 높이까지 쌓인 끝없는 들판을 몸매 좋은 여인이 육감적으로 걷고 있는 모습을 상상한다.

9 **우주선**을 축소해 **막대 달린 풍선** 안에 집어넣는 장면을 상상한다. 또는 우주선을 더욱 작게 축소해 알에서 막 수정하려는 정자처럼 보이도록 상상한다. 또는 우주선이 커다란 깃발을 걸고 지구의 대기권을 벗어나는 광경을 상상한다.

10 **야구공**을 딱 하고 쳤을 때 **야구 방망이**를 통해 전해지는 충격을 느끼는 동시에 아름다운 황금빛으로 물든, 끝없이 펼쳐진 밀밭의 넘실대는 파도 위를 야구공이 가로질러 날아가는 상상을 한다. 또는 끝없이 펼쳐진 밀밭을 터벅터벅 걸으며 티격태격하는 로렐과 하디를 상상한다.

물론 이것들은 단지 예일 뿐이지만 기억 연결을 가장 효과적으로 하는 데 꼭 필요한 과장, 상상, 관능성, 창의적 사고 등을 잘 나타내고 있다. 연결 기억법과 마찬가지로 이 기억법은 자신만의 숫자-모양 이미지를 선택하고 연습하는 것이 필수적이다. 다음 장으로 넘어가기 전에 적어도 한 번은 스스로 테스트하기를 권한다.

가족이나 친구들과 함께 자신을 점검해보는 것도 좋은 방법 중 하나다. 10개의 항목 리스트를 만들어 약 5초에서 10초 간격으로 리스트를 읽어달라고 하라. 기억해야 할 항목을 읽어주면 가장 열정적으로 색채를 풍부하게 사용하고 과장된 연상결합을 하고 자신의 마음속 스크린에 이미지를 투사해 통합시킨다. 의외로 쉽게 단어를 외울 수 있는 것은 너무나 감동적인 일이다.

이전에 외운 단어와 새로 외운 단어가 혼동되면 어쩌나 하는 걱정은 할 필요가 없다. 이 장의 앞머리에서 말했듯 이 독특한 걸이못 기억법은 옷걸이에 비유될 수 있다. 즉, 고정된 옷걸이에 옷만 바꾸어 걸 수 있다.

7장에서는 1~10까지의 숫자에 근거한 두 번째 기억법, 숫자-압운 기억법을 소개한다. 이 두 기억법을 결합하면 10개를 외운 것만큼이나 쉽게 20개의 단어를 외울 수 있다. 그리고 수천 개까지 외울 수 있는 고급 기억법을 계속해서 소개할 것이다.

이 고급 기억법은 장기적 기억에 유리하고, 방금 배운 숫자-모양 기억법과 다음 장에서 배우게 될 숫자-압운 기억법은 단기적 기억에 효과적이다.

결문

다음 장으로 넘어가기 전에 지금까지 배운 기법을 능숙하게 사용하기 위해서 하루 정도 자신에게 투자하기 바란다.

7장
기억을 머릿속 옷걸이에 걸어라 2
: 숫자-압운 기억법

개요

● 숫자-모양 기억법과 숫자-압운 기억법 테스트

숫자-압운 기억법은 숫자-모양 기억법과 그 원리가 동일하기 때문에 배우기가 매우 쉽다는 걸 알게 될 것이다. 또한 숫자-모양 기억법과 마찬가지로 숫자-압운 기억법은 단기간에 짧은 항목 리스트를 암기하여 자신의 기억 속에 저장할 필요가 있을 때 사용된다.

숫자-압운 기억법에서도 1부터 10까지의 숫자를 이용하지만, 이번에는 숫자와 모양이 비슷한 기억 키 이미지를 사용하는 대신 숫자의 음과 압운을 이루는 단어를 나타내는 기억 키 이미지를 사용해보기로 하자. 예를 들면 대부분의 사람들이 주로 사용하는 숫자 5(five)에 해당하는 압운 기억 키 이미지어는 hive(벌집)이다. hive(벌집) 이미지는 거대한 벌들이 하늘을 온통 새까맣게 뒤덮을 정도로 벌 떼를 쏟아내는 어마어마하게 큰 벌집에서부터 아주 작은 벌 한 마리가 겨우 들어갈 수 있을 정도로 작은 벌집에 이르기까지 다양하게 사용할 수 있다.

연결 기억법, 숫자-모양 기억법과 마찬가지로 이 방법도 가능한 한 각각의 이미지에 상상력을 풍부하게 적용하고 색상을 다양하게 사용하고 관능적인 표현을 사용하면서 기억 원리를 적용하는 것이 필수적이다. 6장에서도 그러했듯이 아래에는 1부터 10까지의 숫자가 있다. 각각의 숫자에 가장 적합한 이미지를 창조한다고 생각되는 압운 이미지어를 연필로 숫자 옆의 빈칸에 써라. 압운 이미지는 여러분이 기억을 잘 할 수 있도록 해주는 기억 갈고리 역할을 한다는 걸 명심하라.

지금쯤이면 이미 연상결합 능력과 창의적 사고 능력은 여러분의 정신 능력을 크게 키워놓았을 것이다. 따라서 이번에는 키 이미지어를 적는 데 10분 이내가 아니라 6분 이내에 빈칸을 완성하라.

숫자	자신이 직접 선택한 숫자-압운 이미지어
1	_____
2	_____
3	_____
4	_____
5	_____
6	_____
7	_____
8	_____
9	_____
10	_____

일반적으로 흔히 사용되는 압운 이미지어의 예를 몇 가지 소개하겠다. 자신이 만든 압운 키 이미지어와 비교하여 살펴본 다음 1부터 10까지의 숫자에 자신과 가장 적합하다고 생각되는 이미지어를 선택하라.

1(one)　　**Bun**(번: 롤빵), sun(선: 태양), nun(넌: 수녀), Hun(헌: 훈족), run(런: 달리다), fun(펀: 재미)

2(two)　　**Shoe**(슈: 구두), pew(퓨: 좌석), loo(루: 화장실), crew(크루: 승무원), gnu(누: 누(아프리카산 영양)), coo(쿠: 구구(비둘기 우는 소리)), Moo(무: 소의 울음소리)

3(three)　　**Tree**(트리: 나무), flea(플리: 벼룩), sea(시: 바다), knee(니: 무릎), see(시: 보다), free(프리: 자유로운)

4(four)　　**Door**(도어: 문), moor(무어: 황무지), boar(보어: 멧돼지), paw(포: 동물의 발), pour(포어: 붓다)

5(five)　　**Hive**(하이브: 벌집), drive(드라이브: 운전), chive(차이브: 골파(조미료)), dive(다이브: 다이빙하다), jive(자이브: 헛소리)

6(six)　　**Sticks**(스틱스: 막대기), bricks(브릭스: 벽돌), wicks(윅스: 낙농장), kicks(킥스: 차다), licks(릭스: 핥기)

7(seven)　　**Heaven**(헤븐: 천국), Devon(데븐: 데번종(種)의 소), leaven(레븐: 효모)

8(eight)　　**Skate**(스케이트: 스케이트), bait(바이트: 미끼), gate(게이트: 출입구), ate(에이트: '먹다'의 과거형), date(데이트: 데이트)

9(nine)　　**Vine**(바인: 포도나무), wine(와인: 포도주), twine(트와인: 꼰 실), line(라인: 직선), dine(다인: 정찬), pine(파인: 소나무)

10(ten)　　**Hen**(헨: 암탉), pen(펜: 펜), den(덴: 짐승 우리), wren(렌: 굴뚝새), men(멘: 사람), yen(엔: 열망)

가장 적합한 압운 키 이미지어를 선택했으면, 선택한 자신의 이미지를 가능한 한 상상과 색상을 많이 사용하여 아래에 제시된 박스 안에 그려 넣도록 하라.

1

2

3

4

5

6

7

8

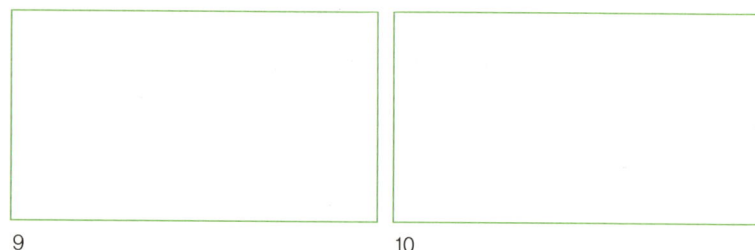

9　　　　　　　　　　　　10

　이 단락을 다 읽은 뒤에는 선택한 압운 키 이미지로 스스로 테스트하라. 눈을 감고 각 숫자에 해당하는 압운 키 이미지의 밝고 선명한 그림을 앞장에서와 같이 머릿속 가상 스크린 위에 투사하면서 1부터 10까지의 숫자를 마음속으로 훑어보라. 먼저 처음에는 1부터 10까지의 보통 순서대로 훑어보고, 그 다음엔 반대 순서로 10부터 1까지 훑어보라. 그리고 나서 그 다음엔 무작위 순으로 훑어보라. 마지막엔 이미지를 먼저 떠올려서 그 이미지에 해당하는 숫자를 연결시키도록 하라. 이 과정을 반복해서 연습하되, 숫자를 생각함과 동시에 이미지가 저절로 머릿속에서 만들어질 정도로 숙달될 때까지 이전 과정의 연습보다 더욱 빠르게 각 과정을 반복해 연습하라. 자, 이제 연습을 시작해보자. 연습은 적어도 5분 이상 투자한다.

　이제 여러분은 숫자-압운 기억법을 익혔으니 숫자-압운 기억법이 숫자-모양 기억법과 똑같은 방식으로 사용된다는 것을 깨달았을 것이다. 이 두 가지 기억법을 모두 익히면 1부터 10까지의 항목에 두 기억법을 따로따로 적용할 수 있을 뿐만 아니라 20개의 항목을 순차순, 역순, 무작위순으로 기억할 수 있는 하나의 기억법으로 만들 수도 있다. 여러분은 1부터 10까지의 숫자에 두 가지 기억법 중 하나를 적용하고, 남은 다른 기억법은 11부터 20까지의 숫자에 적용하기만 하면 된다. 어느 기억법을 어디에 적용할 것인지를 결정하면, 즉시 테스트에 임하라!

약 5분 동안 아래에 제시된 리스트를 암기하라. 5분이 경과되었으면 다음 쪽의 설명에 따라 빈칸에 답을 작성하라.

1	원자(Atom)		11	반짝거림(Glitter)
2	나무(Tree)		12	히터(Heater)
3	청진기(Stethoscope)		13	철도(Railway)
4	소파(Sofa)		14	라이터(Lighter)
5	오솔길(Alley)		15	사마귀(Wart)
6	타일(Tile)		16	별(Star)
7	자동차 앞유리(Windscreen)		17	평화(Peace)
8	벌꿀(Honey)		18	단추(Button)
9	솔(Brush)		19	유모차(Pram)
10	치약(Toothpaste)		20	펌프(Pump)

숫자-모양 기억법과 숫자-압운 기억법 테스트

아래에 1부터 20까지의 숫자가 세 가지 방식으로 제시되어 있다. 첫 번째는 순차순, 두 번째는 역순, 세 번째는 무작위순이다. 여러분이 방금 전에 암기했던 리스트에서 가장 적합한 항목을 선택하여 각 숫자 옆의 빈칸에 적어라. 이때 먼저 작성한 항목을 손이나 종이로 가리면서 다음 빈칸을 채워나가라. 모두 다 작성했으면 점수를 계산해보라. 총점은 60점이다.

1	20	11
2	19	15
3	18	10
4	17	3
5	16	17
6	15	20
7	14	4
8	13	9
9	12	5
10	11	19
11	10	8
12	9	13
13	8	1
14	7	18
15	6	7
16	5	16
17	4	6
18	3	12
19	2	2
20	1	14

득점(총점 60점): _____

첫술에 배부를 수는 없다

첫 테스트보다는 틀림없이 나아졌을 테지만 여전히 연상결합에 있어서는 어려움을 겪고 있음을 알게 될 것이다. 연상결합이 '취약한'

부분을 점검하고 연상결합에 실패한다면 그 이유를 조사하라. 실패의 이유에는 대개 다음과 같은 이유를 들 수 있다. 첫 테스트보다는 틀림없이 많이 향상되었지만 어떤 연상결합에 있어서는 아직도 어려움을 느낄 것이다. 연상결합이 약한 것을 체크해서 그 이유를 알아보아야 한다. 여기에는 연상결합이 당신이 좋아하지 않는 것이거나, 너무 비슷한 것이거나, 상상력이나 과장이 부족하거나, 색상이 잘못되었거나, 움직임이 없거나, 연결이 약하거나, 관능적 이미지나 유머가 없거나 하는 등의 이유가 있을 것이다. 연습을 많이 하면 이런 것들은 자연스럽게 해결된다는 확신을 가지고 연습에 임하라. 그러고 나서 오늘이나 내일 언제든지 가능한 때 다시 테스트를 해보라. 가능하면 많은 친구나 식구에게 도움을 청해서 그들이 당신을 위해 목록을 작성해주도록 만든다. 처음 몇 번은 틀림없이 실수를 할 것이다. 그러나 보통의 사람보다는 훨씬 향상된 자신을 발견하게 될 것이다. 실수나 잘못을 점검하고 강화시키는 좋은 기회로 이용하라. 포기하지 않고 꾸준히 연습하다 보면 조만간 주저하거나 실패를 두려워하지 않고 단어를 다시 쏟아놓을 수 있을 것이다. 좀 더 능숙해지려면 일상생활의 여러 면에 현재 배우고 있는 기억법을 적용시키고 점차로 그 적용 범위를 늘려가면서 꾸준히 연습해야 한다.

결문

다음 장에서는 역사에 기록된 최초의 기억술사인 로마인이 개발한 기본적인 기억법을 배울 것이다.

8장
위대한 '로마인의 방' 기억법

로마인들은 위대한 발명가였고 기억법의 창안자였다. 그들이 창안한 기억법 중 가장 대중화된 것이 로먼 룸(로마인의 방) 기억법이다.

로마인은 기억법을 쉽게 만들었다. 그들은 상상으로 현관과 방을 만들어놓고 자신들이 선택한 많은 물건과 가구로 방을 채웠다. 그리고 방에 채워진 물건과 가구는 기억하고자 하는 것과 관련시켜서 연결 이미지 역할을 했다. 로마인은 자신이 만든 상상의 방이 지적(知的) 쓰레기 더미가 되지 않도록 특히 주의를 기울였다. 이 기억법에서는 좌뇌의 속성인 정확성과 순서가 필수적인 요소를 차지하고 있다.

한 로마인을 예로 들어 로먼 룸 기억법을 살펴보자. 어느 로마인이 상상으로 현관과 방을 만들었는데 현관의 양쪽에는 각각 두 개의 거대한 기둥이 늘어서 있고, 현관문의 손잡이는 사자의 머리로 조각되어 있고, 현관 안으로 걸어 들어가면 바로 왼쪽에 아름다운 그리스

조각상이 있다. 그 조각상 옆에는 사냥한 짐승의 모피로 만든 커다란 소파가 놓여 있고, 그 소파 옆에는 활짝 핀 꽃식물이 있다. 그리고 소파 앞에는 커다란 대리석 탁자가 있고, 그 탁자 위에는 와인 잔, 와인 병, 과일 그릇 등이 놓여 있다.

이 로마인은 샌들 한 켤레를 구입하고, 칼을 갈고, 새 하인을 들이고, 포도나무를 손질하고, 투구를 닦고, 아이들에게 줄 선물을 사는 등의 할 일을 기억하고자 한다. 그는 자신의 상상의 방 현관에 있는 첫 번째 기둥에 수천 개의 샌들이 주렁주렁 매달려 있는 것을 간단히 상상한다. 샌들의 가죽은 윤이 나서 반짝이고 향긋한 가죽 냄새가 그의 코를 자극한다. 그리고 그는 현관의 오른쪽 기둥에 칼을 가는 상상을 한다. 칼을 갈 때마다 쓱싹 하는 소리가 들리면서 칼날이 점점 날카로워지는 것을 느낀다. 하인은 으르렁거리는 사자를 타고 있고 아름다운 그리스 조각상은 포도나무에 휘감겨 있다. 포도나무에 달린 포도를 기억하자 달콤한 맛이 상상되어 실제로 입안에서 침이 흘러나온다. 그리고 소파 옆에는 활짝 핀 꽃식물이 화병 대신 투구에 담겨 있다고 상상한다. 마지막으로 아이를 한 팔에 안고 선물을 사주고 싶어 하며 소파에 앉아 있는 자신의 모습을 상상한다. 〈컬러 도판 2〉 참조)

로먼 룸 기억법은 매우 정확한 구조와 순서뿐만 아니라 많은 상상과 감수성을 필요로 하기 때문에 특히 좌뇌와 우뇌의 통합 적용과 기억 원리에 충실히 따르고 있다. 이 기억법의 장점은 완전히 상상으로 방을 만들기 때문에 여러분이 원하는 모든 관심 항목을 상상의 방 안에 둘 수 있다는 점이다. 즉, 여러분의 오감을 즐겁게 하는 것, 실생활에서 평소 갖고 싶었던 가구와 예술 작품, 평소 마음에 들어 하던 장식물, 좋아하는 음식 등이 그러한 항목에 속한다. 이 기억법의 또 다른 주요 장점은 여러분이 상상한 방에 있는 어떤 물건을 자신이 소유하고 있다고 상상하기 시작하면 여러분의 기억력과 창조적 지성이 그러한 물건을 습득할 수 있는 무의식적 방법으로 작용하기 시작하여 마침내 실제로 소유할 가능성을 높여준다는 점이다.

로먼 룸 기억법은 여러분이 지닌 상상력의 한계를 없앰으로써 원하는 만큼 아무리 많은 항목이라도 기억할 수 있게 해준다. 99쪽의 빈칸에 여러분이 자신의 방에 두고 싶은 항목을 처음 생각나는 대로 재빨리 적도록 하라. 방의 모양이나 디자인도 생각해보고 적어라. 모두 다 적었으면 100쪽에 자신이 이상적이라 생각하는 기억의 방(Memory Room)을 그려보라. 화가처럼 그려도 좋고 건축가처럼 설계도로 그려도 좋고 스케치를 해도 좋다. 어느 쪽이든 갖추고 장식하고 싶은 물건의 항목 이름을 적도록 한다.

우선 여러분의 기억 항목에 해당하는 10개의 특정 장소를 선택하라. 그리고 여러분의 집에 방을 추가해나가면서 20, 30, 50 등의 장소를 만들어라(여기서 더 나아가 성, 마을, 도시, 나라, 은하, 우주에 이르기까지 확대할 수도 있다!).

많은 사람들이 이렇게 하는 게 자신들이 좋아하는 기억법이라는 걸 깨닫게 된다. 그래서 그들은 거대한 방에 있는 수백 개의 항목을 커다란 종이를 이용해 나타낸다. 여러분도 이렇게 하고 싶으면 꼭 그렇게 하라.

이 작업을 다 했으면 방 안에 있는 항목의 순서와 위치, 수를 정확하게 기억하는 동시에 자신의 모든 감각을 이용해서 방 안의 색상, 맛, 느낌, 냄새, 소리를 느끼고 두뇌 기능의 전 영역을 사용하여 마음속으로 여러 차례 방을 둘러보라.

 세계기억력대회에서 첫 대회를 시작으로 여섯 번 우승한 세계 기억력 챔피언 도미니크 오브라이언은 기억력대회에서 로먼 룸 기억법을 사용했다.

결문

앞서 익힌 기억법과 마찬가지로 혼자서 그리고 친구와 함께 완전히 익힐 때까지 로먼 룸 기억법을 사용하여 기억하는 연습을 하라.

로먼 룸: 처음 생각

_____
_____
_____
_____
_____
_____
_____
_____

9장
기억을 머릿속 옷걸이에 걸어라 3
: 알파벳 기억법

> 알파벳 기억법은 마지막 걸이못 기억법으로 숫자-모양 기억법과 숫자-압운 기억법과 구성 면에서 비슷하다. 다른 점이 있다면 숫자 대신 알파벳의 글자를 이용한다는 것이다.

다른 기억법과 마찬가지로 알파벳 기억법에도 기억 원리가 적용된다. 알파벳 기억법을 만드는 규칙은 간단한데 개략적으로 설명하자면 다음과 같다. 글자의 소리와 같은 음으로 시작하고 쉽게 기억되는 기억 키 이미지어를 정한다. 한 글자에 해당하는 키 이미지어로 여러 단어가 생각난다면 사전에서 제일 처음 나오는 단어를 사용한다. 예를 들면 글자 L에 해당하는 키 이미지어는 elastic(고무줄), elegy(애가(哀歌)), elephant(코끼리), elbow(팔꿈치), elm(느릅나무) 등이 가능하다. 이 단어들을 사전에서 찾아보면 elastic(고무줄)이라는 단어가 첫 번째로 나오므로 이 단어를 알파벳 기억법의 키 이미지어로 선택한다. 이유는 자신의 알파벳 키 이미지어를 언젠가 잊어버린다 하더라도 알파벳 글자의 순서대로 머릿속에서 쓱 훑어보면 빠르게 해당 키 이미지어를 찾을 수 있기 때문이다. 주어진 예에서 만일 L이란 글자에 해당하는 알파벳 기억법 키 이미지어를 잊어버렸다면 여러분은 ela부터 찾을 것이고 즉시 자신의 키 이미지어 elastic을 기억해낼 수 있을 것이다.

알파벳 기억법을 만드는 또 다른 규칙은 한 글자의 음이 한 단어를 만들면(예를 들어 알파벳 I라는 글자는 eye(눈)라는 단어를 만들고, J라는 글자는 새의 이름인 jay(어치: 땅위를 비스듬히 뛰어다니는 조류-옮긴이)를 만든다) 그 단어를 키 이미지어로 사용해야 한다는 것이다. 몇몇 경우에는 완전한 단어 대신에 의미 있는 머리글자를 사용하는 것도 가능하다. 예를 들면 U.N.을 들 수 있다.

아래는 알파벳 글자 리스트다. 알파벳 기억법을 만드는 규칙에 각별히 주의를 기울이면서 맞은편 리스트를 살펴본 후 자신의 알파벳 기억법 머리글자 이미지어를 연필로 적어라.

알파벳 글자	알파벳 이미지어
A	_____
B	_____
C	_____
D	_____
E	_____
F	_____
G	_____

H _____
I _____
J _____
K _____
L _____
M _____
N _____
O _____
P _____
Q _____
R _____
S _____
T _____
U _____
V _____
W _____
X _____
Y _____
Z _____

이제 머리글자 이미지어 생각해내기를 마쳤으니 단순히 글자 그 자체가 아니라 글자나 글자 단어의 음으로 자신의 단어가 시작하는 지를 확인하면서 알파벳 이미지어를 재점검하라. 예를 들면 ant(앤트: 개미), bottle(바틀: 병), case(케이스: 상자), dog(도그: 개), eddy(에디: 소용

돌이) 등은 A, B, C, D, E 알파벳을 읊을 때 발음되는 글자 음으로 시작하지 않기 때문에 알파벳 기억법 이미지어로 적절치 않다. 자신이 생각해낸 단어를 재점검했으면 이제 아래에 제시된 리스트와 비교하라. 리스트와 모두 비교한 후에는 자신의 최종 리스트를 정하라.

- A   **Ace**(에이스: 카드의 에이스)
- B   **Bee**(비: 벌) − 글자 자체 음이 하나의 단어를 만든다. 이러한 단어는 어떠한 경우에도 사용해야 한다.
- C   **Sea**(씨: 바다) − 똑같은 규칙이 적용된다.
- D   **Deed**(디드: 행동) − 머리글자 DDT도 괜찮지만 그보다는 deed가 더 적합하다.
- E   **Easel**(이즐: 이젤)
- F   **Effervescence**(에퍼베슨스: 비등(沸騰)작용)
- G   **Jeep**(지프: 지프) 또는 jeans(진즈: 청바지)
- H   **H-bomb**(에이치-밤: 수소폭탄)
- I   **Eye**(아이: 눈)
- J   **Jay**(제이: 어치(까마귓과의 새))
- K   **Cake**(케이크: 케이크)
- L   **Elastic**(일래스틱: 고무줄) − 만일 자신이 elastic의 e를 길게 발음한다면 elbow(엘보우: 팔꿈치)로 바꾼다.
- M   **MC**(emcee 엠씨: 사회자)
- N   **Enamel**(이내멀: 에나멜) − 만일 자신이 enamel의 e를 길게 발음한다면 Entire(엔타이어: 전체)로 바꾼다.
- O   **Oboe**(오우보우: 오보에)

P	Pea(피: 완두콩)
Q	Queue(큐: 변발)
R	Arch(아-르치: 아치)
S	Eskimo(에스키모우: 에스키모인)
T	Tea(티: 차) 또는 T-square(티-스퀘어: T자 모양의 자)
U	Yew(유: 묘지에 심는 상록수)
V	Vehicle(비이클: 탈 것)
W	WC(더블유씨: 화장실)
X	X-ray(엑스-레이: 엑스선)
Y	Wife(와이프: 아내)
Z	Z-bend(지-벤드: Z-굴곡)

이제 최종 선택을 한 다음, 자신이 선택한 이미지를 아래 빈칸에 그려 넣어라.

A

B

C

D

E

F

G

H

I

J

K

L

M

N

O

P

Q

R

S

T

U

V

W

X

01_ 슈퍼파워 메모리를 갖고 싶어요 **107**

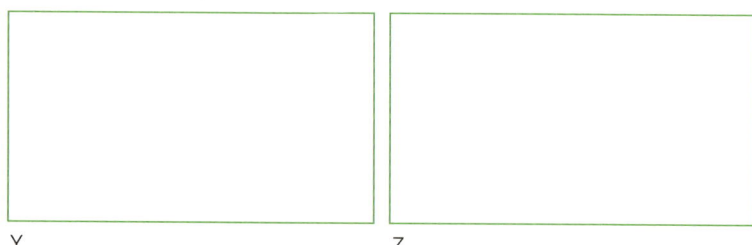

Y　　　　　　　　　Z

　자신의 알파벳 이미지어를 완성했으면 순차순, 역순, 무작위순으로 마음속에서 시각화하여 이전의 기억법에서와 똑같은 방법으로 복습하라. 그리고 마찬가지로 혼자서 알파벳 기억법을 테스트해보고 그 다음 가족이나 친구들과 함께 테스트해보라.

결문

　지금까지 여러분은 기본적인 연결 기억법과 걸이못 기억법을 배웠다. 다음 10장은 지금까지 배운 기억법을 간단하게 요약 정리하는 장이며, 11장부터 여러분은 날짜, 조크, 언어, 시험 정보, 얼굴과 이름, 책, 꿈, 그 외 수백 수천 개의 항목 리스트를 기억하게 해주는 훨씬 방대하면서도 정교한 고급 기억법을 배우게 될 것이다.

10장
걸이못 기억법의 100배 활용법

지금까지 여러분은 연결 기억법, 숫자-모양 기억법, 숫자-압운 기억법, 로먼 룸 기억법, 알파벳 기억법 이렇게 5가지 기억법을 익혔다.

이 5가지 기억법은 각각 독립적으로 사용하거나 아니면 다른 기억법과 서로 결합하여 사용할 수 있다. 더욱이 1년 이상 장기간 기억할 필요가 있는 항목의 리스트나 순서가 있다면 한두 개의 기억법을 선택하여 '영원한 기억 은행'으로 둘 수 있다.

그러나 좀 더 광범위한 기억법으로 넘어가기 전에 지금까지 터득한 기억법의 능력을 즉시 두 배로 키울 수 있는 간단하면서도 매혹적인 방법을 소개하고자 한다. 만약 어느 한 기억법의 마지막에는 도달했지만 계속해서 연상결합을 더 추가하고 싶다면 자신의 기억법의 시작으로 되돌아가서 연상결합 단어를 정확하게 떠오르는 대로 상상하기만 하면 된다. 하지만 마치 거대한 얼음덩어리 속에 들어 있는 것처럼 상상하라. 이 간단한 시각화 기법은 원래의 리스트에 새로운 배경 속에 있는 리스트를 더함으로써 여러분이 만든 연상결합 그림을 과감하게 바꾸고 기억법의 효과가 두 배가 되게 할 것이다.

예를 들어 만일 숫자-모양 기억법에서 여러분의 첫 번째 키 이미지어가 '그림 붓'이라면 똑같은 그림 붓이 거대한 한가운데에 묻혀 있다거나 한쪽 귀퉁이나 옆에서 튀어나오고 있다고 상상할 수도 있다. 그리고 만일 숫자-압운 기억법에서 여러분의 첫 번째 키 이미지어가 '롤빵'이라면 뜨거운 롤빵 하나가 얼음덩어리 끝에서 녹는 장면을 상상할 수도 있다. 또 알파벳 기억법에서 첫 번째 키 이미지어가 Ace(카드의 에이스)라면 얼음덩어리의 한가운데에 에이스 카드가 냉동된 채로 있거나 얼음덩어리의 한쪽 면이 에이스 카드로 이루어진 장면을 상상할 수도 있다. 따라서 만일 이 2차 알파벳 기억법(거대한 얼음덩어리를 활용한 알파벳 기억법)을 사용하면서 기억하려는 첫 번째 항목이 'parrot(앵무새)'이라면, 여러분은 앵무새가 큰소리로 말을 하며 얼음덩어리를 부수어 그 얼음덩어리의 한가운데에 있는 하트 패, 스페이드 패, 클럽 패, 다이아몬드 패의 에이스 카드를 무너지게 하는 장면을 상상할 수 있다.

결문

이제 무작위순으로 연결된 항목들, 10개로 구성된 두 세트의 항목, 순서대로 된 수많은 항목(여러분이 만든 로먼 룸), 알파벳 순서의 26개의 항목 등을 기억할 능력을 갖추었다. 이 말은 '얼음덩어리'를 활용하는 방법으로 그 능력을 두 배로 늘릴 수 있음을 의미한다.

11장
기억의
리듬을 타라

개요

- 학습하는 동안의 회상력
- 학습 기억력 테스트 동안의 회상력
- 학습 후의 회상력

이 책 전반에 걸쳐 적용하는 기억 원리는 SMASHIN' SCOPE 외에도 두 가지 중요한 원리가 있는데, 만일 여러분이 그것을 이해하기만 한다면 정보를 받아들이는 동안 기억 효율성이 배가 되는 것은 물론 정보를 받아들인 후에도 기억 효율성이 배가 되게 할 것이다. 그 기억 원리는 (1) 학습하는 동안의 회상력 (2) 학습 후의 회상력이다.

학습하는 동안의 회상력

학습하는 동안 기억 리듬이 어떻게 작용하는지 명확하게 알기 위해서는 여러분 스스로 간단하게 '학습하는 동안의 회상력'을 경험해보는 것이 좋다. 이를 위해 아래 제시된 긴 단어 리스트를 한 번에 한 단어씩 한 번만 읽도록 하라. 기억법은 사용하지 않고 한 번 읽은 단어는 다시 읽지 않으면서 읽어라. 이렇게 하는 이유는 기억 원리를 전혀 사용하지 않으면서 기억할 수 있는 단어의 수가 몇 개인지 알아보기 위해서다. 리스트를 읽을 때는 순서에 상관없이 가능한 한 많은 단어를 기억하려고만 애써라. 지금부터 아래의 단어를 읽은 다음 스스로 테스트해보자.

was	the	range
away	of	of
left	beyond	and
two	Leonardo da Vinci	and
his	which	else
and	the	the
the	must	walk
far	and	room
of	of	finger
and	could	small
that	the	change

학습 기억력 테스트 동안의 회상력

리스트를 다 읽었으면 이제 리스트가 보이지 않게 덮고, 아래 빈칸에 가능한 한 많은 단어를 기억나는 대로 적어라.

_____
_____
_____
_____
_____
_____
_____
_____

이제 자신의 기억력이 어떤 방법으로 작용했는지 확인해보라. 일반적인 기억 원리에 따르면 사람들은 학습이 시작되는 시점과 끝나는 시점에 배운 것을 훨씬 잘 기억한다. 또한 서로 연상결합된 것을 더욱 잘 기억하고 눈에 띄거나 특이한 것을 잘 기억한다.

따라서 이 테스트에서 잘 기억되는 단어는 리스트의 시작 부분에 있는 세 단어에서 다섯 단어, 끝 부분에 있는 두세 개의 단어이다. 그리고 and, of, the가 잘 기억되고(반복과 단어 자체가 지닌 연결성 때문에), Leonardo da Vinci도 잘 기억된다(레오나르도 다 빈치는 나머지 단어와 비교해서 두드러지게 눈에 띄기 때문에). 게다가 사람들은 리스트의 단어 그

룹에서 자신과 특별히 연관이 있는 단어를 잘 기억한다. 또 이와 마찬가지로 개인적인 이유로 눈에 띄는 단어를 잘 기억한다.

학습 기간의 시작이나 끝 부분에 있지 않거나, 학습 기간 중 다른 부분과 연상결합되지 않거나, 어떤 식으로도 눈에 띄지 않는 단어는 모두 기억이 되지 않는다는 사실을 깨닫는 것은 매우 중요하다. 많은 경우 이는 학습 기간의 중간 부분에서 습득하는 정보 대부분이 잊힐 수 있다는 걸 의미한다. 이 모든 것을 시간과 관련하여 스스로에게 다음 질문을 해보라. 40분 동안 어려운 텍스트를 공부하고 있는데 공부하는 내내 이해력이 떨어지다가 마지막 10분 동안 이해력이 약간 좋아지기 시작했음을 느꼈다면 어떻게 할 것인가? (a) 즉시 공부를 중단하고, 잘 되기 시작했지만 잠시 쉴 수도 있다고 생각하며 휴식을 취할 것인가? 아니면 (b) 자신의 이해력이 더욱 부드럽게 샘솟듯이 흘러 계속 충만할 것이라 생각하면서 공부를 끝까지 하고 난 후에 휴식을 취할 것인가?

대부분의 사람들이 이해력이 좋아지면 다른 모든 것들도 똑같이 좋아질 거라 생각하면서 이 두 가지 질문 중 후자를 택한다. 그러나 방금 전 치렀던 테스트의 결과와 개인적으로 겪었던 경험에서 알 수 있듯이 이해력과 회상력은 동일하지가 않다. 이는 학습량에 따라 엄청나게 달라진다. 그리고 그 차이를 특징 짓는 요인은 바로 자기 자신의 시간 관리다.

이해한다고 반드시 회상할 수 있는 것은 아니다. 학습 기간 중간에 일어나는 회상력의 급강하 문제를 어떻게든 해결하지 못하면 학습하는 동안 시간이 경과하면서 이해하는 것을 점차 회상하지 못하게 된다(115쪽 그래프 참조). 이러한 기억 리듬은 현재 학습하는 것에도 적용

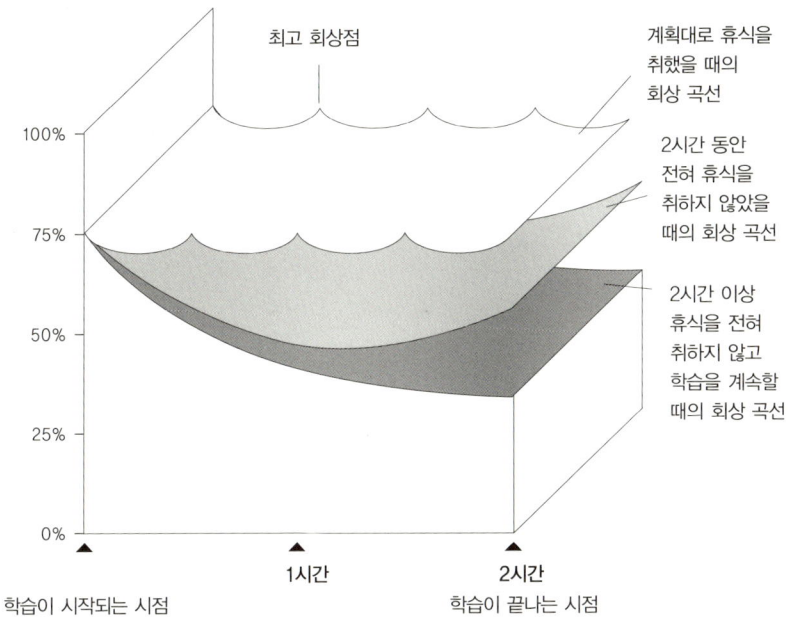

최고의 회상력을 이끌어내는 시간 단위가 언제인지를 보여주는 그래프

되며 기억법에 관한 지금의 학습도 예외가 아니다. 우리가 찾는 것은 회상력과 이해력 모두가 최고의 조화를 이루며 작용할 수 있는 학습 상황이다. 학습 기간의 중간에 기억력은 크게 떨어질 기회를 주지 않으면서도 이해력은 높게 유지되도록 학습하는 시간을 편성하는 것이 이러한 상황을 창출하는 유일한 방법이다. 학습 기간을 가장 유익한 시간 단위로 나누어 학습하면 해결은 쉬워진다. 이 시간 단위는 평균적으로 10분과 50분 사이라고 밝혀졌는데 아래 그래프를 예로 들면 30분임을 알 수 있다. 이러한 방식으로 자신의 시간을 편성하면 다음과 같은 여러 장점이 금세 뚜렷이 보인다.

1 학습 도중 어쩔 수 없이 기억력이 저하돼도 휴식을 취하지 않고 계속 학습했을 때만큼 크게 떨어지지는 않는다.

2 학습 기간의 시작 부분과 끝 부분에 나타나던 단 두 개의 최고 회상점 대신에 여덟 번이나 되는 '시작과 끝'이 있는 최고 회상점을 지니게 된다.

3 여러분은 휴식을 취하고 있기 때문에 휴식을 취하지 않고 계속 공부를 했던 사람보다 다음 학습 기간 동안 더 많이 쉴 수 있다. 이에 대한 부가적인 이점은 여러분이 쉬고 있을 때 회상력이나 이해력 모두 다 더욱 쉽고 효과적으로 작용한다는 것이다.

4 휴식을 취하면 더 많이 쉬게 될 뿐만 아니라 각 학습 기간마다 더 많이 회상할 수 있다. 때문에 휴식 후 이어지는 학습 기간에 새로운 정보를 풍성하게 연상결합하는 토대가 확고해지고 이해력이 더욱 높아진다. 휴식을 취하지 않은 사람은 피로가 누적되어 이전에 학습한 것을 회상하기 힘들어진다. 그 결과 학습 정보는 점차 줄어들고 점점 방대해지고 그를 위협하는 이해할 수 없는 정보를 연결하는 일이 더욱 힘들어진다.

5 '상식'과 달리 우리가 학습한 것에 관한 기억력은 휴식을 취하는 동안 즉시 떨어지는 것이 아니라 오히려 상승한다. 이 상승은 학습 기간 동안 정보를 받아들이는 작업을 마치고 난 후에 우리 두뇌의 양 반구가 무의식적으로 잠깐 동안 정보를 분류하는 작업을 하고 있다는 사실에 기인한다. 그러므로 휴식 후 학습으로 되돌아오면 사실상 휴식 없이 계속 공부했을 때보다 의식적으로 더 많은 양의 지식을 소유하게 된다. 이 사실은 특히 중요하다. 왜냐하면 휴식을 취하고는 있지만 동시에 공부로 되돌아가야 한다는 생각을 하는 자신을 발견

할 때 경험할지도 모르는 깊은 죄책감을 없애주기 때문이다. (《마인드맵® 두뇌사용법》 9장을 참조하라.)

휴식 시간은 대개 2~10분 정도여야 한다. 휴식을 취하는 동안엔 잠시 산책을 하거나 알코올 성분이 없는 가벼운 음료수를 가볍게 한 잔 하거나 운동, 자기 암시, 명상, 조용한 음악 감상 등을 함으로써 두뇌가 휴식을 취할 수 있도록 한다.

기억력을 한층 더 통합하고 향상시키기 위해서는 각 학습 기간의 처음과 마지막에 이전 학습 기간에 공부한 것과 앞으로 공부할 것에 관해 재빨리 예습과 복습을 해주는 것이 좋다. 이러한 복습과 예습을 주기적으로 계속하면 이미 알고 있는 정보를 통합해서 자신감을 키워주고 공부 과정을 성공적으로 이끌어 다음 학습 목표를 향해 곧장 나아가게 하고 전체 학습 기간 동안 지적 탐험을 하는 영역을 개관(概觀)하도록 해준다.

학습 기간 동안 기억 리듬에 관한 지식을 창의적 상상력을 사용하여 기억 원리와 결합한다면 우리는 공부 기간 전반에 걸쳐 상상력이 풍부한 연결과 연상결합을 만들어내 결과적으로 학습 기간의 중간에 일어나는 하강 곡선을 거의 수평으로 변환할 수 있게 된다.

학습 후의 회상력

학습 기간 동안 회상력을 높은 수준으로 유지할 수 있게 되었다면, 학습 기간 후에도 회상력을 똑같은 수준으로 유지하는 것이 중요하다. 학습 후의 회상력 패턴은 두 가지 놀라운 사실을 반영한다. 첫째, 학습 후 몇 분이 지난 뒤에 우리는 학습한 것의 대부분을 그대로 간직하고 있다. 둘째, 우리는 학습한 후 24시간 이내에 공부한 내용의 80퍼센트를 잊어버린다. 회상 곡선의 상승은 기억력의 상승을 의미하므로 높은 위치에서 회상 곡선이 유지되도록 하고, 회상 곡선의 하강은 기억력의 쇠퇴를 의미하므로 회상 곡선의 하강이 일어나지 않도록 해야 한다. 회상 곡선의 상승을 유지하면서도 하강을 막는 방법은 반복하여 복습하는 것이다.

한 시간 동안 공부를 했다면, 학습 후의 최고 회상점은 대략 10분 후에 도달할 것이다. 이 최고 회상점이 첫 번째 복습에 적합한 이상적 시기이다. 복습의 기능은 이미 습득한 정보를 머릿속에 강하게 새겨서 더욱 견고한 기억으로 만드는 것이다. 최초의 최고 회상점에서 복습을 한다면 학습 후의 회상 그래프가 변하는데, 121쪽의 그래프에서 알 수 있듯이 대략 하루 동안은 회상력이 높게 유지된다. 예컨대 한 시간 동안 공부했다면 첫 번째 복습은 10분 후에 이루어져야 하고 두 번째 복습은 24시간 후에 이루어져야 한다. 그 이후부터는 121쪽의 그래프에 나타내는 대로 복습이 이루어져야 한다. 평균적으로 이러한 복습은 모두 달력의 원리를 기반으로 하는 시간 단위로 일어난다. 그래서 하루 후, 일주일 후, 한 달 후, 반 년 후에 복습하는 것이 이상적이다.

각각의 복습에는 아주 짧은 시간이 필요할 뿐이다. 첫 번째 복습은 학습 기간 후에 학습 내용을 마인드맵 기억 노트(22장 참조)로 정리해야 한다. 이렇게 마인드맵 방식으로 작성하면 한 시간의 학습 내용을 복습하는 데 10분 정도 걸린다. 첫 번째 복습 후 이어지는 각각의 복습은 관심 분야의 기본적인 정보를 재빨리 메모한 다음 원래의 노트와 비교해

본다. 빠뜨린 부분이 있으면 채워 넣을 수 있고 각 복습 사이의 기간 동안 습득한 새로운 정보는 가장자리 여백에 덧붙일 수도 있다. 이렇게 하면 끊임없이 이용할 필요가 있는 모든 정보를 회상할 수 있다.

시종일관 복습을 하는 사람의 두뇌와 그렇지 않은 사람의 두뇌를 비교하는 것은 매우 유익하다. 복습을 하지 않는 사람은 계속해서 정보를 주입하면서 그만큼의 정보가 빠져나가도록 내버려둔다. 이러한 사람은 새로운 정보를 이해하는 데 필요한 배경 지식이 사라지기 때문에 끊임없이 새로운 정보를 받아들이기 어렵다는 걸 깨닫게 될 것이다. 그러한 경우 학습은 계속해서 어려워질 것이고 회상력은 항상 부족해져 학습, 이해, 회상으로 이어지는 전 과정이 재미없고 힘들어진다.

복습을 하는 사람은 언제든 이용할 수 있는 정보의 축적이 늘어나서 새로운 정보를 더욱 쉽게 넣을 수 있다. 이것은 학습, 이해, 회상이 서로 도와 긍정적인 주기가 되도록 만들어 연속하는 과정이 점점 쉬워지게 한다.

이와 같이 하면 놀랍게도 학습할수록 더 많이 학습하기 수월해진다. 성경에 이와 비슷한 구절이 있다. '가진 자에게는 더욱 많이 주어질 것이지만 가지지 못한 자는 조금 가지고 있는 것조차도 빼앗길 것이리라.'

또한 학습 후 회상에 관한 정보는 나이가 들수록 두뇌 능력, 특히 그중에서도 기억력이 감퇴된다고 생각하는 우리의 현재 사고방식에도 적용될 수 있다. 현재의 모든 통계 자료는 인간이 나이가 들어감에 따라 24세 이후부터 기억력이 점차 나빠진다는 걸 나타낸다. 이러한 조사 결과는 실질적으로 가치가 있는 것처럼 보이지만 한 가지 중요한 오류가 있다. 그 결과는 대체로 자신의 기억이 어떻게 작용하는지에 대한 정보를 전혀 갖고 있지 않은, 그래서 기억의 작용을 무시하는 경향이 있는 사람을 연구한 조사에 바탕을 두고 있다. 바꾸어 말하면, 인간의 기억력은 나이가 들면서 감퇴한다는 결과를 보여주는 테스트는 시종일관 기억 원리를 사용하지 않고 학습한 것을 복습하지 않았던 사람을 대상으로 행해졌던 것이다. 테스트의 대상이 된 사람은 바로 위에서 인용한 성경 말씀의 두 번째 범주에 해당된다.

기억 원리를 적용하고 학습 도중과 학습 후에 기억 리듬을 적절히 관리하는 사람에 관한 최근의 실험은 일반적으로 확고하게 받아들여지는 위의 결과와 정반대의 사실을 보여주고 있다. 숫자, 언어, 분석, 논리, 순서 등 좌뇌의 기능과 리듬, 음악, 상상, 색상, 입체 등 우뇌의 기능을 기억 원리 및 기억의 시간 리듬과 함께 지속적으로 사용한다면 기억력은 나이가 들어도 쇠퇴하기는커녕 실제로 엄청나게 향상될 것이다. 즉, 이렇게 하면 할수록 새로운 지식 분야와 함께 상상력이 풍부하고 연상결합적인 네트워크를 더욱더 잘 만들 수 있다. 따라서 더 많이 기억하고 더 많이 창조할 수 있을 것이다.

결문

여러분이 기억력에 베풀면 베풀수록 여러분의 기억력은 더욱더 큰 이익을 되돌려준다.

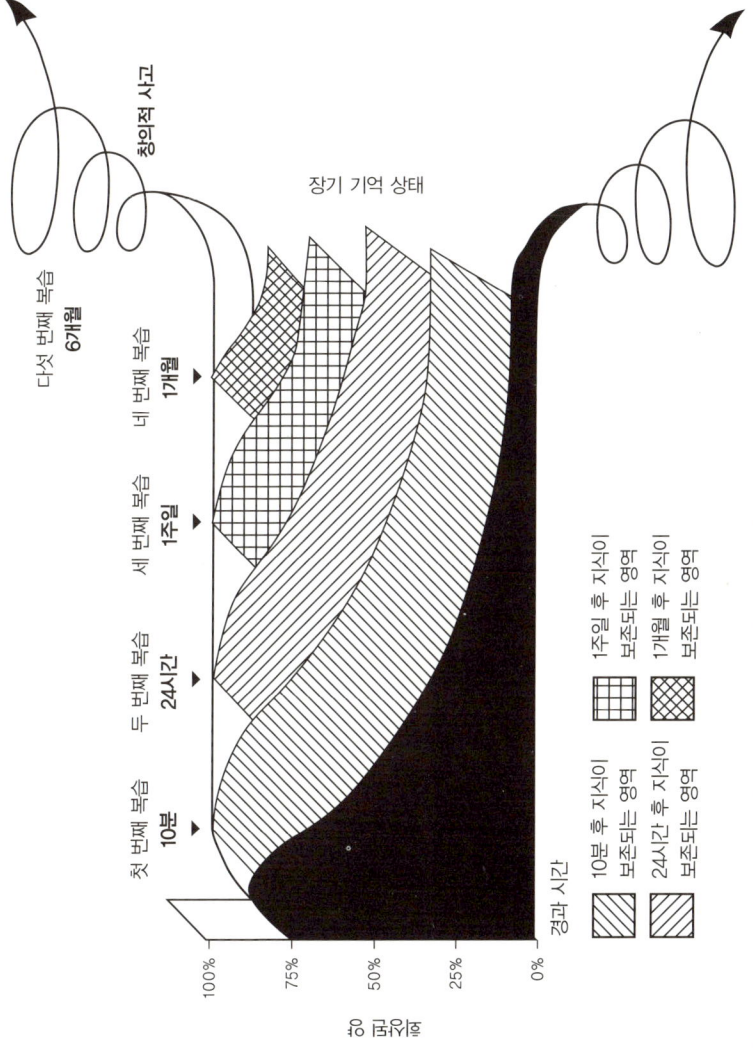

01_ 슈퍼파워 메모리를 갖고 싶어요

# 02

나도 기억술사가 될 수 있다!
—'메이저 기억법'

12장 메이저 기억법이란?
13장 메이저 기억법의 1000배 활용법
14장 기억의 마술사, 카드 기억법
15장 IQ를 훌쩍 높이는 긴 숫자 기억법
16장 숫자와 친해지는 전화번호 기억법
17장 '내 안에 다이어리 있다'—스케줄과 약속 기억법
18장 천재들만 기억하는 20세기 요일 기억법
19장 역사의 달인이 되는 연대 기억법
20장 잊기 쉬운 생일, 기념일, 특별한 날짜 기억법
21장 기본 단어 100개로 해결하는 외국어 기억법

12장
메이저 기억법이란?

개요

- 메이저 기억법의 특수 부호
- 메이저 기억법 초기 연습

두뇌의 유연성, 상상력, 연상결합력, 이해력 그리고 창의력이 크게 향상되었다면 모두가 소망하는, 기억법을 한없이 창조해낼 수 있는 메이저 기억법을 쉽게 익히고 사용할 준비가 된 것이다.

메이저 기억법은 최고의 기본 기억법이다. 이것은 17세기 중반 스타니슬라우스 민크 폰 웬스쉐인(Stanislaus Mink Von Wennsshein)에 의해 처음 소개되었으며, 그 후 지금까지 300년 넘게 사용되면서 꾸준하게 개선되어왔다. 당대 기억술의 대가였던 그는 뛰어났지만 한계가 있었던 이전 기억법의 아성을 깨트릴 만한 방법을 고안해냈다. 기억술의 대가들은 10개 이상의 항목 리스트가 아니라 원하는 항목을

모두 기억할 수 있게 해주는 기억법을 원했다. 동시에 그들은 이 기억법이 수백 수천 가지의 세밀한 방법으로 숫자와 날짜를 기억하고 기억을 구조화하여 정리할 수 있게 해주기를 원했다.

메이저 기억법의 기본 개념은 0부터 9까지의 각 숫자에 해당되는 상이한 자음이나 자음 소리를 특수 부호로 사용하는 것이다.

메이저 기억법의 특수 부호

숫자	=	연상결합 부호
0	=	s, z, 약c
1	=	d, t, th
2	=	n
3	=	m
4	=	r
5	=	l
6	=	j, sh, 약ch, dg, 약g
7	=	k, 강ch, 강c, 강g, ng, qu
8	=	f, v
9	=	b, p

모음 a, e, i, o, u와 글자 h, w, y는 연상결합되는 숫자가 없다. 그래서 잠시 후 만들게 될 기억 키 이미지어에서 숫자로 계산되지 않는 무의미한 부호로 활용된다.

위에서 제시한 특수 부호를 기계적으로 외우는 수고를 덜어주기 위해 간단한 방법을 예로 들어보겠다.

0   글자 s나 z는 zero(제로)라는 단어의 첫소리고, o는 zero라는 단어의 끝 글자다.
1   글자 d와 t는 세로선이 하나다.
2   글자 n은 세로선이 둘이다.
3   글자 m은 세로선이 셋이다.
4   글자 r은 four(포)라는 단어의 마지막 글자다.
5   글자 l은 50을 나타내는 로마 숫자거나 손가락 5개를 펴서 엄지와 검지로 만드는 L자 모양이다.
6   글자 j는 6의 경상(鏡像: 거울에 비친 모습처럼 좌우대칭의 이미지를 말한다-옮긴이)이다.
7   글자 k는 대문자로 볼 때 7이란 숫자가 두 개 들어 있다.
8   글자 f는 손으로 쓸 때 숫자 8처럼 고리가 두 개 있다.
9   글자 b와 p는 9의 경상이다.

숫자-압운 기억법과 숫자-모양 기억법에서와 마찬가지로, 여러분은 키 이미지어가 그것을 나타내는 숫자와 즉각적이고 영구적으로 연결될 수 있도록 만든다.

숫자 1을 예로 들어보자. 여러분은 좋은 시각적 이미지를 지니면서 d, t 혹은 th 중 하나의 자음과 한 개의 모음만이 들어 있는 키 이미지어를 생각해내야 한다. 'day' 'tea' 'toe' 'the' 등이 그 예이다. 숫자 1에 해당하는 키 이미지어를 회상할 때 day를 선택했다면, 그 단어에 들어 있는 자음 글자가 다른 숫자를 나타내는 바가 전혀 없는 데다 모음은 메이저 기억법에서 숫자로 계산하지 않기 때문에 그 단어가 숫자 1만을 나타낸다는 것을 알 수 있다.

또 다른 예를 하나 더 들어보겠다. 이번에는 숫자 34이다. 숫자 3을 나타내는 글자는 m이고 숫자 4를 나타내는 글자는 r이다. 키 이미지어로 가능한 단어로는 'mare(암말)' 'more(더 많은)' 'moor(황무지)' 'mire(수렁)' 등을 들 수 있다. 이 중에서 숫자 34에 해당하는 가장 적합한 키 이미지어를 선택할 때는 단어의 선택과 회상 둘 다에 도움이 되도록 다시 한 번 알파벳 순서를 이용하라. 다시 말하면, 여러분이 선택해야 할 글자는 m과 r이므로 사용할 첫 번째 모음으로 a, e, i, o, u를 머릿속에 간단하게 떠올려 적용해보면 적합한 기억어가 만들어진다. m과 r 사이에는 a가 적합하기 때문에 키 이미지어 선택의 문제는 단어 'mare'로 정해지면서 쉽게 해결된다.

이 알파벳 순서에 따르는 방법은 메이저 기억법에서 한 단어가 기억나지 않더라도 기본 정보만으로 사실상 문제를 해결할 수 있다는 장점이 있다. 여러분은 숫자에 해당하는 글자를 올바른 순서대로 놓은 다음, 모음을 순서대로 끼워 넣기만 하면 된다. 자음과 모음이 올바로 조합되는 순간 여러분의 기억 키 이미지어는 머릿속에서 즉시 떠오를 것이다.

오른쪽에 제시된 초기 메이저 기억법 연습에서 우선 1이 들어가는 각 숫자 항목에 숫자 1을 나타내는 글자 d를 선택하고 숫자 10부터 19에 해당하는 단어를 만들어 완성해보라. 이때 숫자에 해당하는 키 이미지들은 알파벳 순서에 따르는 방법을 사용하라.

연습이 다소 어렵게 느껴지더라도 걱정할 필요가 없다. 다음 쪽에

0부터 100까지의 숫자에 해당하는 기억어의 전체 리스트가 있기 때문이다. 하지만 이 리스트를 그대로 수용하지는 말아라. 각 항목을 신중하게 확인해 마음속에 떠올리기 어렵다거나 더 나은 기억어를 갖고 있으면 모두 바꾸도록 하라.

강변화명사 혹은 동사를 사용해 여러분의 정보를 걸 수 있는 훌륭한 기억 이미지를 만들어라.

메이저 기억법 초기 연습

숫자	글	단어
10		
11		
12		
13		
14		
15		
16		
17		
18		
19		

메이저 기억법 - 초기 101개 키워드

0 Saw(톱)
1 Day(낮, 날)
2 Noah(노아)
3 Ma(엄마)
4 Ra(태양신)
5 Law(법률)
6 Jaw(턱)
7 Key(열쇠)
8 Fee(요금)
9 Bay(만)
10 Daze(멍한 상태, 망연자실)
11 Dad(아빠)
12 Dan(남자 이름. Daniel의 애칭)
13 Dam(댐)
14 Diary(일기)
15 Dale(골짜기)
16 Dash(돌진)
17 Deck(갑판)
18 Daffy(어리석은)
19 Dab(가볍게 두드림)
20 NASA(미국 항공 우주국)
21 Net(그물)
22 Nan(인도의 빵, 할머니, 여자 이름)
23 Name(이름)
24 Nero(네로)
25 Nail(못)
26 Niche(적소(適所))
27 Nag(잔소리)
28 Navy(해군)
29 Nab(붙잡다)
30 Mace(철퇴)
31 Mat(돗자리)
32 Man(남자)
33 Ma'am(부인)
34 Mare(암말)
35 Mail(우편물)
36 Mash(짓이기다)
37 Mac(방수 외투, 매킨토시)
38 Mafia(마피아)
39 Map(지도)
40 Race(경주)
41 Rat(쥐)
42 Rain(비)
43 Ram(거세되지 않은 숫양)
44 Ra-ra(드문)
45 Rail(레일)

46	Rage(격노)	70	Case(경우)
47	Rack(선반)	71	Cat(고양이)
48	Rafia(라피아야자: 종려나뭇과의 상록 교목)	72	Can(깡통)
49	Rap(지껄이다, 두드리다)	73	Cameo(카메오)
50	Lace(레이스)	74	Car(자동차)
51	Lad(젊은이)	75	Call(부르다)
52	Lane(골목길)	76	Cage(새장)
53	Lamb(새끼양)	77	Cake(케이크)
54	Lair(은신처)	78	Café(카페)
55	Lily(백합)	79	Cab(택시)
56	Lash(채찍)	80	Face(얼굴)
57	Lake(호수)	81	Fad(변덕)
58	Lava(용암)	82	Fan(선풍기)
59	Lab(실험실)	83	Fame(명성)
60	Chase(추적)	84	Fair(박람회)
61	Chat(잡담)	85	Fall(가을)
62	Chain(쇠사슬)	86	Fish(물고기)
63	Chime(차임, 종)	87	Fag(고역)
64	Chair(의자)	88	Fife(파이프, 영국 스코틀랜드 동부의 주)
65	Cello(첼로)		
66	Cha-Cha(차차차: 음악)	89	Fab(공장)
67	Check(점검)	90	Base(기초, 기준)
68	Chaff(왕겨)	91	Bat(방망이)
69	Chap(피부의 튼 자리)	92	Ban(금지)

93 Bum(건달)!
94 Bar(막대기)
95 Ball(공)
96 Bash(세게 때림)

97 Back(등)
98 Beef(쇠고기)
99 Babe(아기)
100 Daisies(데이지)

이제 여러분은 0부터 100까지 숫자에 해당하는 걸이못 기억법의 키 이미지어를 완성했다. 바로 자신의 기억 패턴을 담고 있는 기억법이다. 지금까지 보았듯이 이 기억법은 기본적으로 무한하다. 즉, 0에서 9까지의 숫자에 해당하는 글자를 정했으니 0에서 100까지뿐만 아니라 100에서 1000까지의 숫자에 해당하는 키 이미지어를 만드는 것도 가능하다. 물론 이 기억법은 키 이미지어를 끝없이 계속 만들어낼 수 있다. 이렇게 키 이미지어를 무한하게 만들어내는 능력을 지니고 싶은 사람들을 위해서 나는 SEM³(Self-Enhancing Master Memory Matrix: 자기향상 기억숙달 매트릭스)이라 일컫는 한 가지 방법을 개발했다. 그에 대한 자세한 내용은 나의 또 다른 저서《마스터 유어 메모리》에 설명되어 있으니 참고하라.

다른 방법은 모든 숫자를 글자로 만들고 그 글자를 조합하여 기억 키 이미지어로 계속해서 만들어나간다.

이어지는 쪽에는 내가 고안한 100부터 1000까지 숫자에 해당하는 키 이미지어 리스트를 정리하여 실었다. 다소 어렵다고 판단되는 단어에는 다음과 같은 부연 설명을 달아놓았다.

(1) 단어로부터 이미지를 형성하는 하나의 방법을 예로 제시
(2) 단어의 사전적 정의. 이 정의에는 이미지를 형성하는 데 도움을 주

는 단어나 개념을 내포하고 있다.
(3) 재미있거나 특이하면서도 훨씬 기억에는 잘 남을 이미지로 만드는 단어의 새로운 정의.

나머지 단어들은 빈 공간을 그대로 두었다. 여러분은 그 빈 공간에 여러분이 사용할 이미지에 관한 개념이나 자신만의 키워드를 적도록 하라. 몇몇 경우에는 글자의 조합이 한 단어만으로는 불가능해서 숫자 276(n, 강c, sh)의 no cash처럼 두 단어가 사용되기도 한다. 그리고 숫자 394(m, p, r)를 나타내는 empire처럼 단어가 시작되는 글자에 모음(모음은 숫자의 의미를 지니고 있지 않다)이 들어가야 하는 경우도 있다. 또 다른 경우에는 단어의 처음 세 글자만 숫자를 나타내는 데 사용되기도 한다. 예를 들면 숫자 359(m, l, b)는 mailbag이란 단어로 나타낸다. 단어의 마지막 글자 g는 무시된다.

만일 여러분이 자신의 메이저 기억법을 100 이상으로 확장하고자 한다면 다음엔 이 메이저 기억법 리스트를 주의 깊게 점검해야 한다. 한번에 앉은 자리에서 해치우기에는 너무 많고 힘든 일이므로 점검의 목표를 더욱 신중하게 잡아 하루에 10개의 항목을 이미지로 만들어 암기할 것을 제안한다. 리스트를 암기하는 동안 이루어지는 이미지화 작업에서 가능한 한 이미지가 확실하도록 제대로 만들어라. 그리고 이 리스트 전체를 암기하면서 순서를 반드시 재검토하고 통합하는 동시에 상상력, 창의력, 지각력을 키우고 확장함으로써 좌뇌와 우뇌 모두 사용하고자 노력해야 함을 기억하라.

단어가 생각이 나 개념을 언급할 때는 더욱 구체적인 수준으로 표현하라. 예컨대 숫자 368을 나타내는 much force(강한 힘)라는 기억어는 다소 막연한 힘이나 우주의 에너지처럼 그려져서는 안 되고 성취와 파괴에 사용되는 much force(강한 힘)의 이미지로 시각화해야 한다. 예를 들면 올림픽에서의 역도 선수처럼 말이다. 바꾸어 말하면 기억어를 만들 때마다 여러분은 가능한 한 생생한 그림으로 기억하기 쉽게 만들어야 한다. 5장에서 설명한 SMASHIN' SCOPE 기억 원리를 모두 기억하고 사용하라.

단어가 이전의 단어와 비슷한 개념인 경우에는 가능한 한 다른 이미지로 만드는 것이 매우 중요하다. 's'가 붙어 복수형이 된 단어에도 똑같이 주의를 기울여야 한다. 복수형의 경우 하나의 거대한 항목에 반하는 수많은 복수의 항목을 상상하라. 여러분은 메이저 기억법으로 단어들을 통합하면 1000개의 엄청난 항목(순서대로 혹은 무작위순으로)을 기억할 수 있을 뿐만 아니라 모든 것을 기억하는 데 절대적으로 필요한 창의적 연결 능력을 발휘하게 해주기 때문에 이 기억법이 매우 유익하다는 점을 깨닫게 될 것이다.

메이저 기억법에서 기억어로 사용되는 다수의 단어는 자신이 본래 관심을 지니고 있는 것들이다. 100개의 리스트를 각각 점검하고 암기하는 동안 사전을 곁에 두어라. 만약 선택한 키워드가 어려운 단어일 경우 사전을 활용하면 도움이 되기 때문이다. 이렇게 사전을 활용하면 자신에게 적합한 이미지를 만드는 하나의 수단으로 작용해 가능한 이미지나 단어 가운데 가장 적절한 것을 선택할 수 있도록 도와줄 뿐만 아니라 일반적인 어휘력 향상에도 중요한 역할을 한다. 만일 여러분이 나의 또 다른 저서 《스피드 리딩 북》을 읽었다면 메이저 기억법 연습에 자신의 어휘 연습을 적절하게 결합하여 활용할 수도 있다.

101 Dust(먼지)

102 Design(디자인)

103 Dismay(당황)

104 Desire(욕망)

105 Dazzle(눈부심)

106 Discharge(해고)

107 Disc(음반)

108 Deceive(속이다)

109 Despair(절망)

110 Dates(대추야자의 열매) – 즙이 많고 끈적거리는 열매

111 Deadwood(말라 죽은 나무) – 썩고 비틀어진 나무

112 Deaden(약해지다)

113 Diadem(왕관) – a crown(왕관): 꽃이나 나뭇잎으로 만들어서 머리에 쓰는 화환

114 Daughter(딸)

115 Detail(세부 사항)

116 Detach(떼어내다)

117 Toothache(치통)

118 Dative(여격) – 주는 것을 표시하는 명사의 격

119 Deathbed(임종)

120 Tennis(테니스)

121 Dent(움푹 들어간 곳)

122 Denun – 수녀와 사랑을 나누거나 적절치 못한 장소나 상황에 빠진 수녀

123 Denim(데님)

124　Dinner(만찬)

125　Downhill(내리막)

126　Danish - 덴마크 사람

127　Dank(축축한) - 불쾌하게 젖거나 축축한; 습지나 늪 같은

128　Downfall(낙하)

129　Danube(다뉴브 강) - 〈다뉴브 강〉(푸른 다뉴브 강에서 왈츠를 추는 그림)

130　Demise(사망)

131　Domed(둥근 지붕의) - 교회 지붕처럼 크고 둥근 지붕을 지닌

132　Demon(악마)

133　Demimonde - 화류계

134　Demure(얌전 피우는)

135　Dimly(희미하게)

136　Damage(손해)

137　Democracy(민주주의)

138　Dam full(댐이 가득 찬)

139　Damp(습기 찬)

140　Dress(옷)

141　Dart(다트)

142　Drain(하수구)

143　Dram(드램, 술 한 모금)

144　Drawer(서랍)

145　Drill(드릴)

146　Dredge(준설기) - 바다나 강바닥의 진흙을 퍼 올리는 기계

147　Drag(끌다)

148 Drive(운전하다)

149 Drip(물방울이 똑똑 떨어지다)

150 De luxe(사치스런)

151 Daylight(낮)

152 Delinquent(범죄인)

153 Dilemma(딜레마) - 이래도 나쁘고 저래도 나쁜 상황에서 선택을 남겨 놓은 상황

154 Dealer(딜러)

155 Delilah(델릴라) - 삼손을 유혹한 요부; 교활하고 부정한 여자

156 Deluge(대홍수) - a great flood(대홍수): 노아의 홍수

157 Delicacy(우아함)

158 Delphi(델포이) - 신탁이 행해지던 신성한 장소가 있던 고대 그리스의 도시

159 Tulip(튤립)

160 Duchess(공작부인)

161 Dashed(지독한)

162 Dudgeon - 격노 상태, 분노, 혹은 불쾌한 감정

163 Dutchman(네덜란드 사람)

164 Dodger(협잡꾼) - 간교하고 꾀가 많고 요리조리 잘 빠져나가는 사람

165 Dash light(계기판용 빛) - 자신의 차에 있는 계기판 빛을 상상하라.

166 Dishwasher(접시 세척기)

167 Dechoke - 누군가의 목을 조르는 이미지나 자동차와 관련된 공기 흡입 조절 장치의 이미지를 반대로 생각하라.

168 Dishevel(옷차림이나 머리카락을 흩뜨리다) - 머리카락이나 옷을 풀어헤

치거나 헝클어뜨려 흩날리는 모습을 상상하라.

169 Dish up(음식을 접시에 담다) – 대개 깔끔하지 못한 방법으로 음식을 접시에 담는 걸 상상하라.

170 Decks(갑판)

171 Decade(10년)

172 Token(지하철, 버스 요금 등의 대용 화폐)

173 Decamp(야영을 거두다) – 텐트를 거둬들일 때의 소동을 상상하라.

174 Decree(법령) – 어떤 행동을 요구할 권위를 가진 사람이 내린 명령

175 Ducal(공작다운) – 공작과 비슷하게 생긴 무언가를 상상하라.

176 Duckish(오리 같은)

177 Decaying(부패)

178 Take-off(이륙)

179 Decapitate(참수형에 처하다)

180 Defact(결점)

181 Defeat(패배)

182 Divan(침대 의자)

183 Defame(명예를 훼손하다)

184 Diver(잠수부)

185 Defile(더럽히다)

186 Devotion(헌신)

187 Edifying(교훈적인)

188 Two frisky fillies(활달하게 뛰어다니는 두 마리의 암망아지) – 들판이나 인상적인 울타리 안에서 두 마리의 암망아지가 뛰어노는 모습을 상상하라.

189 Two frightened boys(겁에 질린 두 소년)

190 Debase(떨어뜨리다) - 인격, 품질, 가치를 떨어뜨리다

191 Debate(토론)

192 Debone(뼈를 발라내다) - 보통 생선에서 뼈를 발라내는 것

193 Whitebeam(마가목류) - 속 잎사귀가 길고 은백색인 나무

194 Dipper(국자) - 시장에서 팔고 있는 국자를 상상하라.

195 Dabble(물, 흙탕 따위를 튀기다)

196 Debauch(유혹하다)

197 Dipping(물에 담그기) - 중세 고문의 한 방법으로 어떤 사람이 강제로 물속에 처박히는 장면을 상상하라.

198 Dab off(톡톡 털다) - 탈지면으로 얼룩이나 피를 가볍게 두드려 빼는 것을 상상하라.

199 Depip - 씨를 뱉어내는 것(석류를 상상하라)

200 Nieces(질녀)

201 Nasty(불결한, 더러운)

202 Insane(미친)

203 Noisome - 해로운, 유독한, 악취가 나는

204 No Sir!(아닙니다, 선생님!)

205 Nestle(포근하게 자리잡다)

206 Incision(절개) - 외과용 메스로 무언가를 깨끗하게 자르는 것

207 Nosegay - 향기로운 작은 꽃다발

208 Unsafe(위험한)

209 Newsboy(신문 배달원)

210 Notice(주의, 주목)

211 Needed(need(필요로 하다)의 과거형)

212 Indian(인디언)

213 Anatomy(해부학)

214 Nadir – 밑바닥, 구렁텅이; 침체기

215 Needle(바늘)

216 Night watch(야경꾼)

217 Antique(골동품)

218 Native(토박이)

219 Antibes(안티베스) – 프랑스 남동부 지중해 연안의 항구, 휴양지

220 Ninnies(멍청이) – 저능아, 바보들의 집단

221 Ninth(제9의, 아홉째의) – 골프장의 9번째 홀을 상상하라.

222 Ninon(얇은 견직물) – 실크로 된 가벼운 옷감

223 No name – 자신의 이름을 잊어버린 사람을 상상하라.

224 Nunnery(수녀원)

225 Union hall(노동조합 본부)

226 Nunnish – 수녀처럼 혹은 수녀다운

227 Non-aqua – 물과 전혀 상관없는

228 Nineveh(니네베: 고대 아시리아의 수도)

229 Ninepin(나인핀스) – 나인핀스 게임(9개의 핀(pin)을 세워놓고 공을 굴려 쓰러뜨리는 실내 경기)에서 넘어뜨리는 9개의 나무 기둥 중 하나

230 Names(이름)

231 Nomad(유목민)

232 Nominee – 어떤 지위에 지명된 사람

233 No ma'am(아닙니다, 부인)

234 Enamour – 매혹하다, 반하게 하다

235 Animal(동물)

236 No mash(으깨지 말 것) - 으깬 토마토를 막 비운 냄비를 상상하라.

237 Unmake(망치다, 파괴하다)

238 Nymph(님프) - 신화에 나오는 젊고 아름다운 여성

239 Numb(감각이 마비된)

240 Nurse(간호사)

241 Narrate(이야기하다)

242 No run(뛰지 말 것)

243 Norm - 표준, 기준

244 Narrower(좁은)

245 Nearly(거의)

246 Nourish(영양분을 주다)

247 New York(뉴욕)

248 Nerve(신경)

249 Nearby(바로 가까이의)

250 Nails(못, 손톱)

251 Nailed(못을 박아 붙인)

252 Nylon(나일론)

253 New loam - 경작에 적합하게 만든 양토

254 Kneeler(무릎을 꿇는 사람)

255 Nail hole(못 구멍)

256 Knowledge(지식)

257 Nailing(멋진, 못을 박는 데 쓰는)

258 Nullify(무효로 하다)

259 Nail-brush(메니큐어용 손톱 솔)

260 Niches(벽감) - 벽면을 파내어 조각품이나 장식품을 놓도록 만든 곳

261 Unshod(신을 신지 않은)

262 Nation(국가)

263 Unjam(들어찬 것을 빼내다)

264 Injure(부상)

265 Unshell(껍데기를 벗기다)

266 Nosh shop(음식점) - 길모퉁이의 간이식당을 상상하라.

267 No joke - 아무런 호응을 얻지 못한 농담

268 Unshaved(수염을 깎지 않은)

269 Unship(하선시키다) - 배에서 내리는 군중을 상상하라.

270 Necks(목)

271 Naked(나체의)

272 Noggin(작은 맥주잔, 노긴, 소량) - 작은 술잔, 액체의 단위

273 Income(수입)

274 Anchor(닻, 앵커맨)

275 Nickel(니켈) - 코발트와 관계있는 회색 금속

276 No cash(현금 없음) - 식당에서 음식 값을 치르기 위해 주머니를 만지 작거리는 사람을 상상하라.

277 Knocking(문 두드리기)

278 Encave - 어두운 곳이나 동굴에 감금시키다

279 Uncap - 학생이 다른 학생의 모자를 벗기는 것을 상상하라.

280 Nephews(조카)

281 Nevada(네바다: 미국 서부의 주)

282 Uneven(평평하지 않은)

283 Infamy(오명, 악명)

284 Never(결코 ~않는)

285 Navel(배꼽)

286 Knavish(악당 같은)

287 Invoke – 자비, 원조 등을 간청하다

288 Unfavourable(형편이 나쁜, 순조롭지 않은)

289 Enfeeble(허약하게 하다)

290 Nibs(높으신 양반, 나리)

291 Unpod(완두콩 따위의 깍지를 까다)

292 New pan(새 냄비) – 반짝반짝 윤이 나는 프라이팬을 상상하라.

293 New beam – 아침에 제일 먼저 비치는 햇살을 상상하라.

294 Neighbour(이웃)

295 Nibble(조금씩 물어뜯다)

296 Nippish(일본 사람 같은)

297 Unpack(포장을 풀다)

298 Unpaved(포장하지 않은)

299 Nabob(큰 부자) – 특히 인도 등에서 큰 재산을 모아서 돌아온 사람

300 Moses(모세)

301 Mast(돛대)

302 Mason(석공, 벽돌공)

303 Museum(박물관)

304 Miser(구두쇠)

305 Missile(미사일)

306　Massage(메시지)

307　Mask(마스크, 가면)

308　Massive(육중한, 건장한)

309　Mishap(불행, 재난)

310　Midas(마이더스) - 손에 닿는 것은 모두 황금으로 바꾸는 능력을 지닌 왕

311　Midday(정오)

312　Maiden(처녀)

313　Madam(부인, 마님)

314　Motor(자동차, 오토바이)

315　Medal(메달)

316　Modish(유행을 쫓는, 현대풍의)

317　Medic(의사, 의학생, 위생병)

318　Midwife(산파, 조산원)

319　Mudpie(어린아이가 놀이에서 만드는 진흙 만두)

320　Manse(특히 스코틀랜드 장로교회의 목사관)

321　Mend(고치다, 수선하다)

322　Minion(귀염 받는 아이, 하인, 동물, 노예)

323　Minim(미님) - 미소한 물건, 시시한 물건, (음악) 2분 음표

324　Manner(태도)

325　Manila(마닐라)

326　Manage(관리하다)

327　Maniac(광신자, 미치광이)

328　Manful(용감하고 결단성 있고 대담한)

329　Monopoly(독점, 전매)

〈컬러 도판 1〉
연결 기억법 — 상상, 과장, 우스꽝스러움, 연상결합, 색상……(5장 참조)

〈컬러 도판 2〉

로먼 룸 기억법의 예(8장 참조)

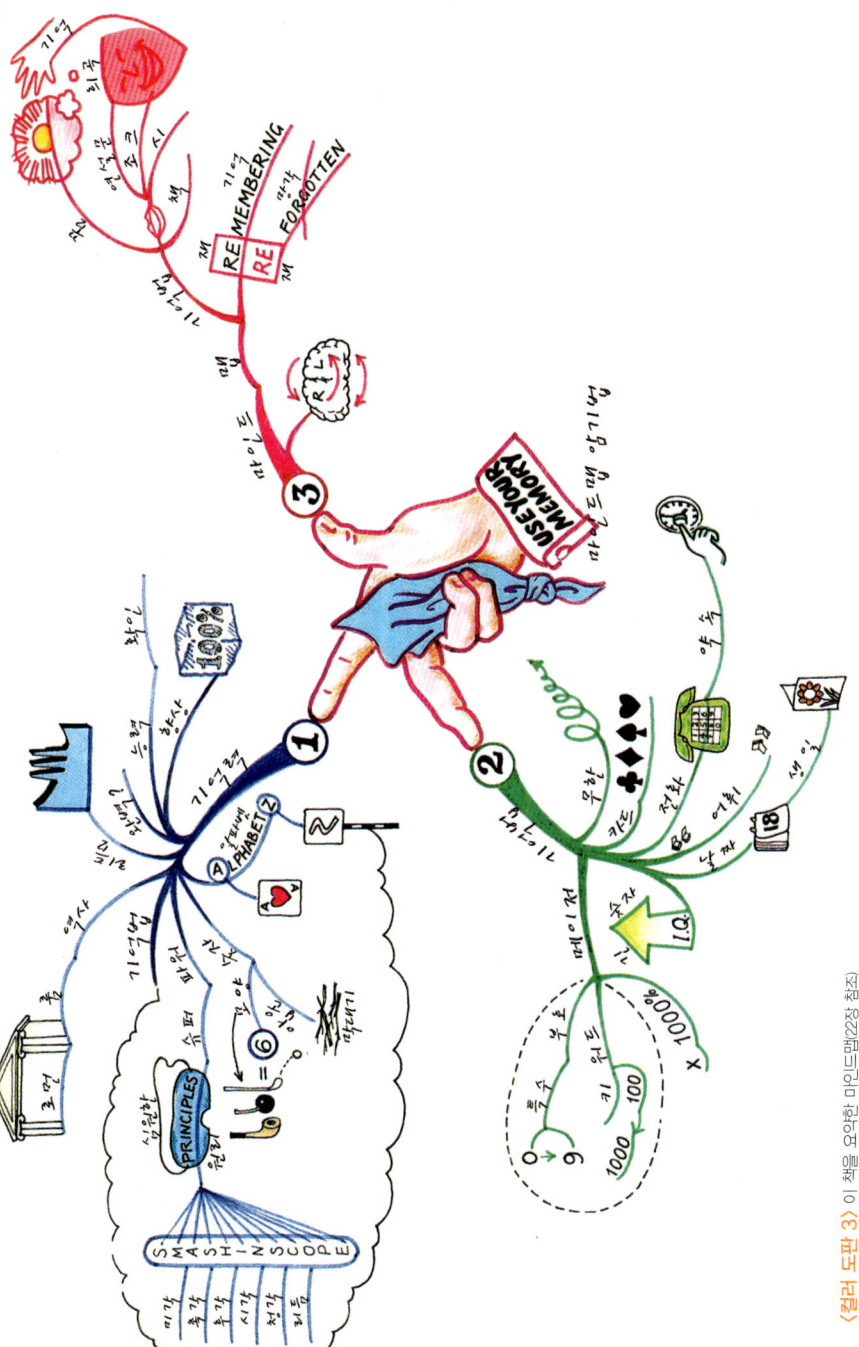

〈컬러 도판 3〉 이 책을 요약한 마인드맵(22장 참조)

〈컬러 도판 4〉

주요 키 이미지를 보여주는 꿈을 기억하는 방법의 예(27장 참조)

330 Maims(불구로 만들다)

331 Mammoth(맘모스)

332 Mammon(맘몬: 부의 신, 탐욕의 신)

333 My mum(나의 엄마)

334 Memory(기억)

335 Mammal(포유동물)

336 My match(나의 경쟁 상대)

337 Mimic(흉내내다)

338 Mummify(미이라로 만들다)

339 Mump(토라지다)

340 Mars(화성)

341 Maraud(약탈하다)

342 Marine(바다의)

343 Miriam(미리암: 여자이름)

344 Mirror(거울)

345 Moral(도덕의, 윤리)

346 March(3월)

347 Mark(표시, 흔적)

348 Morphia(모르핀)

349 Marble(대리석)

350 Males(남성)

351 Malt(양조용 엿기름)

352 Melon(참외)

353 Mile man(1마일 경주 전문 선수)

354 Miller(제분업자)

355 Molehill(두더지가 파놓은 흙두둑)

356 Mulish(노새처럼 고집이 센) - 노새의 전형적인 특징을 상상하라.

357 Milk(우유)

358 Mollify - 완화하다, 진정시키다, 달래다

359 Mailbag(우편 행낭)

360 Matches(성냥, 경기, 경쟁 상대)

361 Mashed(으깨진, 짓이겨진)

362 Machine(기계)

363 Mishmash - 뒤범벅, 잡동사니

364 Major(주요한)

365 Mesh lock(톱니바퀴의 맞물림 자물쇠) - 기어의 톱니처럼 맞물려서 잠기는 어떤 것을 상상하거나 복잡한 톱니바퀴의 맞물림으로 작동되는 자물쇠를 상상하라.

366 Magician(마법사)

367 Magic(마법)

368 Much force(강한 힘)

369 Much bent(많이 구부러진)

370 Mikes(마이크: 사람 이름, 빈둥거림)

371 Mocked(조롱당한, 업신여김을 받은)

372 Mohican(모히칸 족: 북미 인디언)

373 Make muck(비료, 퇴비를 만들다)

374 Maker(제작자)

375 Meekly(얌전하게)

376 My cash(나의 현금)

377 Making(제조)

378 Make off - 서둘러 떠나다. 도둑이 범죄 현장에서 서둘러 도망가다

379 Magpie(까치)

380 Mauve skirt(엷은 자줏빛 치마)

381 Mufti - 회교 법전 해석관, 제복과 반대되는 의미의 사복

382 Muffin(머핀: 살짝 구운 둥근 빵)

383 Movement(운동, 이동)

384 Mayfair(영국의 하이드 파크 동쪽에 있는 고급 주택지)

385 Muffle(씌우개, 덮개)

386 My fish(나의 물고기)

387 Mafeking(마퍼킹) - 1900년에 있었던 포위 구출 작전으로 유명한 남아프리카의 도시

388 Mauve feet(자줏빛 발)

389 Movable(이동할 수 있는)

390 Mopes - 의기소침, 우울

391 Moped(모터가 달린 자전거)

392 Embank - 재방을 쌓다

393 Wampum(조가비 구슬) - 북미 인디언이 화폐로 썼던 조가비로 만든 구슬

394 Empire(제국)

395 Maple(단풍나무)

396 Ambush(매복, 기습)

397 Impact(충돌, 충격)

398 Mob violence(폭도)

399 Imbibe - 술, 차 따위를 마시다

400 Recess(휴식, 휴회)

401 Recite(암송하다, 낭송하다)

402 Raisin(건포도)

403 Résumé(요약, 개요, 이력서)

404 Racer(경주차)

405 Wrestle(레슬링을 하다, 격투하다)

406 Rose show(장미 쇼)

407 Risk(위험, 모험)

408 Receive(받다)

409 Rasp - 거칠게 문지르다, 박박 긁다

410 Raids(기습, 습격)

411 Radiate(빛, 열을 발하다)

412 Rattan(등나무: 야자과의 식물)

413 Redeem(도로 찾다, 상환하다)

414 Radar(레이더)

415 Rattle(달캉달캉 소리 나다)

416 Radish(무)

417 Reading(읽기)

418 Ratify(조약 따위를 비준하다, 재가하다)

419 Rat bait(쥐 미끼)

420 Reigns(지배, 통치 기관)

421 Rained(비가 내린)

422 Reunion(재통합, 재결합)

423 Uranium(우라늄) - 백색광을 발하는 방사성 금속 원소

424 Runner(달리는 사람)

425 Runnel - 실개울, 도랑

426 Ranch(농장, 농원)

427 Rank(계급, 계층)

428 Run-off(결승전, 땅 위를 흐르는 빗물)

429 Rainbow(무지개)

430 Remus(레무스) - 쌍둥이인 동생 로물루스와 함께 암이리의 젖을 먹고 자라 로마의 건국자가 된다.

431 Rammed(세게 부딪친)

432 Roman(로마인)

433 Remember(기억하다)

434 Ramrod(탄약 꽂을대, 농장의 현장 감독)

435 Rommel(룸멜) - 독일의 악명 높은 사령관

436 Rummage(샅샅이 뒤지다)

437 Remake(개조하다, 다시 만들다)

438 Ramify(가지를 내다, 분기하다)

439 Ramp(고속도로의 진입로)

440 Roars(포효, 으르렁거리는 소리)

441 Reared(양육된)

442 Rareness(희박함, 드묾)

443 Rear man(리어맨) - 파일의 제일 마지막에 정리되어 있는 사람

444 Rarer(더욱 드문, 더욱 희귀한)

445 Rarely(드물게, 좀처럼 ~않는)

446 Raree show(구경거리)

447 Rearing(양육)

448 Rarefy – 기체 따위를 희박하게 하다

449 Rarebit(레어빗) – 녹인 치즈를 토스트에 바른 치즈 토스트의 일종

450 Release(해방, 석방하다, 면제하다)

451 Railed(난간으로 둘러싸인)

452 Reloan(다시 꾸어주다, 대부하다)

453 Realm(왕국, 영역, 분야)

454 Roller(롤러, 굴림대)

455 Reel line(낚싯줄을 감는 릴 선) – 릴에 엉겨 있는 낚싯줄을 상상하라.

456 Relish(맛, 향미)

457 Relic(유물, 유적)

458 Relief(구원, 안도, 구제)

459 Relapse(다시 나쁜 짓에 빠지다)

460 Riches(부)

461 Reached(도착하다)

462 Region(지역, 지방)

463 Regime(정부, 정권, 사회 제도)

464 Rasher(베이컨의 얇은 조각)

465 Rachel(레이첼: 여자 이름)

466 Rejudge(재심하다)

467 Raging(맹렬한, 격렬한)

468 Arch foe(간교한 적) – 자신이 몸집이 거대한 적과 맞서 싸우는 기사라고 상상하라.

469 Reach up(위로 뻗다)

470 Racks(선반, 시렁)

471 Racket(라켓)

472 Reckon(계산하다)

473 Requiem(레퀴엠) – 죽은 이의 명복을 비는 진혼곡

474 Raker – 정원을 갈퀴로 긁어모으고 있기만 하는 한 남자를 상상하라.

475 Recall(회상)

476 Reguish(악한의, 무법적인)

477 Rococo(로코코 양식) – 18세기 전반기에 프랑스에서 유행한 화려한 건축 장식 양식

478 Recover(발견하다)

479 Rack up – 스포츠 시합에서 점수를 올리는 것을 의미하는 구어적 표현

480 Refuse(상대방을 때려 눕히다, 거절하다)

481 Raft(뗏목)

482 Raven(갈까마귀)

483 Revamp – 개조하다, 개정하다, 개선하다

484 Reefer(리퍼) – 마리화나 담배

485 Raffle(복권식 판매)

486 Ravage(파괴 행위)

487 Revoke(카드놀이) – 물주와 같은 패를 내놓지 않고 고의로 다른 패를 내놓기

488 Revive(소생시키다)

489 Rough passage(러프 패시지) – 거친 바다를 헤쳐나가기, 어려운 시기

490 Rabies(광견병, 공수병)

491　Rabid - 과격한, 폭력적인, 터무니없는, 광적인

492　Ribbon(리본)

493　Ripe melon(잘 익은 오이)

494　Rapier(가느다란 양날의 찌르는 검)

495　Rabble(오합지졸)

496　Rubbish(쓰레기)

497　Rebuke(비난하다, 책망하다)

498　Rebuff(거절, 퇴짜)

499　Republic(공화국)

500　Lasses(소녀들)

501　Last(최후의)

502　Lesson(교훈, 수업)

503　Lyceum(리세움) - 아리스토텔레스가 철학을 가르쳤던 아테네의 학원

504　Laser(레이저) - 전자파의 유도방출에 의한 빛의 증폭 장치

505　Lazily(게으르게, 나태하게)

506　Alsatian(알사스 사람)

507　Lacing(레이스로 꾸미기)

508　Lucifer(루시퍼) - 하늘에서 떨어진 반역 천사장

509　Lisp(혀 짧은 소리를 하다)

510　Ladies(숙녀)

511　Lighted(불이 켜진)

512　Latin(라틴어)

513　Late meal(늦은 식사)

514　Ladder(사닥다리)

515 Ladle(국자)

516 Old age(노년)

517 Leading(지도, 지휘)

518 Old foe(오랜 적수)

519 Lead pipe(납 파이프)

520 Lance(창, 작살)

521 Land(육지, 토지)

522 Linen(리넨, 아마포)

523 Liniment(도찰제, 도포제)

524 Linear(선의, 직선의)

525 Lineal(직계의, 정통의)

526 Launch(배를 진수시키다, 계획에 착수하다)

527 Lank(머리털이 곧은)

528 Lunar flight(달로의 비행)

529 Line-up(사람, 물건의 정렬)

530 Looms(직조기, 배틀)

531 Limit(제한하다)

532 Layman(성직자에 대한 신도, 전문가에 대한 비전문가)

533 Lame mare(절름발이 암말)

534 Lamarck(라마르크) - 프랑스의 유명한 동물학자이자 식물학자

535 Lamella(조직, 세포의 엷은 판)

536 Lime juice(라임 주스)

537 Looming(베짜기)

538 Lymph(림프, 임파, 림프액)

539 Lamp(램프)

540 Layers(층, 겹쳐 쌓기, 계획을 세우는 사람)

541 Lard(라드: 돼지비계로 만든 반고체의 기름)

542 Learn(배우다)

543 Alarm(경보, 경보장치)

544 Leerer(곁눈질하는 사람)

545 Laurel(월계수, 월계관)

546 Large(커다란, 다량의)

547 Lark(종달새)

548 Larva(곤충의 유충)

549 Larrup(매질하다) – '매질하다'의 구어체

550 Lilies(백합)

551 Lilt(쾌활하고 가락이 좋은 리듬)

552 Lowland(저지: 낮은 지대의 땅)

553 Lilo mattress(에어 매트) – 침대로 사용되는 캠핑용 에어 매트

554 Lowlier(천한, 초라한)

555 Lily-livered(겁 많은)

556 Low ledge(저지의 암붕, 암초)

557 Lilac(라일락)

558 Low life(사회의 하층민)

559 Lullaby(자장가)

560 Lashes(채찍)

561 Legit(합법적인, 정직한) – '정직한 것'을 의미하는 구어체

562 Legion(재향군인회, 군단)

563 Lush meadow(푸른 목초지)

564 Lecher(호색가)

565 Lushly(풀이 무성하게)

566 All-jewish(철저히 유대인다운)

567 Logic(논리)

568 Low shove(비열하게 찌르다)

569 Lush pea(싱싱한 완두콩)

570 Lakes(호수)

571 Licked(핥다, 휩쓸다) - '핥다'의 과거형

572 Lagoon(석호)

573 Locum - 어떤 일을 대신하는 대리인을 뜻하는 구어체로서 특히 대리 의사를 지침한다.

574 Lacquer(래커: 도료, 옻칠)

575 Local(지방의)

576 Luggage(수화물)

577 Licking(핥기)

578 Liquefy(액화, 용해시키다)

579 Lock-up(감옥, 감금)

580 Leaves(나뭇잎)

581 Livid(타박상으로 피부가 검푸른)

582 Elfin(꼬마 요정)

583 Alluvium(충적토) - 흙이나 모래가 물의 작용으로 흘러 내려와 범람원이나 삼각주 따위의 낮은 지역에 쌓여 생긴 토양

584 Lever(지렛대)

585 Level(평평한, 수평의)

586 Lavish(사치스러운, 씀씀이가 헤픈)

587 Leaving(찌꺼기, 남은 것)

588 Leave off(벗다, 그만두다)

589 Lifeboat(구명보트, 구조선)

590 Lips(입술)

591 Leaped(도약하다, 껑충뛰다)

592 Lib now – 여성 해방 플래카드의 문구로 상상하라(참고로 NOW(National Organization for Woman)는 전(全) 미국 여성 연맹을 가리키며 여성의 권리 향상을 목적으로 하는 미국 최대의 여성 단체이다 – 옮긴이).

593 Low bum(저속한 건달)

594 Labour(노동, 노력)

595 Label(라벨, 꼬리표)

596 Lip chap – 입술의 발진

597 Lawbook(법률 서적)

598 Leapfrog(등 짚고 뛰어넘기)

599 Lap up(~을 핥아먹다)

600 Chases(추적, 추격)

601 Chaste(정숙한, 순결한)

602 Jason(제이슨) – Jason and the Golden Fleece(제이슨과 금빛 양털. 그리스 신화에 나오는 이야기로 제이슨은 아르고 선단을 이끌고 콜키스 국으로 가서 금빛 양털을 획득한 영웅으로 묘사되는데, 제이슨(Jason)은 이아손(Iason)의 영미식 표기이다 – 옮긴이).

603 Chessman(체스의 말)

604 Chaser(추격자)

605 Chisel(끌, 정)

606 Cheese show(치즈 쇼)

607 Chasing(조금 술, 조금 무늬)

608 Joseph(요셉)

609 Cheese pie(치즈 파이)

610 Shades(그늘, 응달)

611 Shaded(그늘진)

612 Showdown(공개, 공표, 막판)

613 Chatham(채텀) – 켄트 주 리버 메드웨이에 위치한 조선소

614 Chatter(지껄이다)

615 Chattel(가재, 동산)

616 Chitchat(잡담)

617 Cheating(속임수)

618 Shadoof(용두레) – 이집트에서 사용되는 물을 끌어올리는 기구

619 Chat up – 이성과 마음을 터놓고 얘기를 나누다.

620 Chains(쇠사슬)

621 Chant(노래, 창가)

622 Genuine(진짜의)

623 Chinaman(중국인)

624 Joiner(가구 목수, 결합자)

625 Channel(수도, 해협, 통신로)

626 Change(변화)

627 Chink(갈라진 틈) – chick in the armour(갑옷 사이의 틈[논리나 성격 등에

서 공격 대상이 될 수 있는 허점을 가리키는 말))

628 Geneva(제네바) - 유엔 본부의 주요 기관이 있는 스위스의 도시

629 Shinbone(정강이 뼈)

630 Chums(옛 친구, 도시)

631 Ashamed(창피스러운)

632 Showman(서커스의 흥행사, 연예인)

633 Jemima - 단단하게 조이는 끈이나 걸쇠가 없이 신축성 있게 만든 부츠

634 Chimera(키메라) - 사자의 머리, 양의 몸통, 뱀의 꼬리를 가지고 입에서 불을 뿜는 괴수

635 Shameless(부끄럼을 모르는, 뻔뻔스러운)

636 Jimjams(알코올 중독증)

637 Jamaica(자메이카)

638 Shameful(부끄러운, 창피스러운)

639 Champ(분해서 이를 갈다)

640 Cheers(환호, 갈채, 기분)

641 Chart(도표, 그림)

642 Shrine(성골함)

643 Chairman(의장)

644 Juror(배심원, 심사원)

645 Churl(막된 사람) - 시골뜨기, 상스러운 사람

646 Charge(의무, 임무, 충전)

647 Cherokee(체로키 족) - 북미 인디언의 한 종족

648 Giraffe(기린)

649 Chirp(새, 벌레가 짹짹 울다)

650 Jealous(질투심이 많은)

651 Child(어린 아이)

652 Chilean(칠레인)

653 Shalom(샬롬) – '안녕하세요'라는 의미의 유대인 인사

654 Jailer(교도관)

655 Shallowly(얕게, 천박하게) – 지적이지 않고 깊이가 결여된 방식으로

656 Geology(지질학)

657 Gelignite(젤리그나이트: 고성능 폭약)

658 Shelf(선반)

659 Julep(줄렙) – 위스키나 브랜디에 설탕이나 박하 따위를 넣은 청량음료

660 Judges(재판관, 판사)

661 Judged(재판하다)

662 Jejune(빈약한, 메마른, 불모의, 재미없는)

663 Judgement(재판, 심판, 판단)

664 Judger(판단자, 판결자)

665 Jewishly(유대인답게)

666 Choo-choo-choo(칙칙 폭폭) – 특히 달리고 있는 증기 기관차

667 Joshing(조롱, 농담)

668 Jehoshaphat(여호사밧) – 기원전 9세기의 유대왕

669 Shoe shop(구두 가게)

670 Checks(저지, 방해, 대조, 수표)

671 Checked(점검하다, 저지하다)

672 Chicken(병아리)

673 Checkmate(체크메이트) – 서양장기의 외통 장군, 대패배, 좌절, 멸망

674 Checker(체커의 말, 검사원)

675 Chuckle(낄낄 웃다)

676 Check shirt(체크무늬 셔츠)

677 Checking(저지하기, 대조하기)

678 Chekhov(체호프) - 러시아의 유명한 극작가, 단편 작가

679 Jacob(야곱) - 이삭의 차남, 아브라함의 손자

680 Chafes(쓸리다, 짜증 내다) - 찰과상, 안달, 짜증

681 Shaft(창의 손잡이, 자루, 한 줄기 광선)

682 Shaven(shave '면도하다'의 과거 분사)

683 Chief Mohawk(모호크 족 추장)

684 Shaver(이발사, 면도기)

685 Joyful(즐거운, 기쁜)

686 Chiffchaff(솔새) - 노란빛이 도는 갈색 깃의 작은 새

687 Chafing(마찰)

688 Shove off(배를 밀어내다)

689 Shavable(면도할 수 있는, 깎을 수 있는)

690 Chaps(사내아이들)

691 Chapter(책, 논문의 장)

692 Japan(일본)

693 Jobman(품팔이꾼)

694 Chopper(나무꾼)

695 Chapel(예배당)

696 Sheepish(양처럼 순한, 겁 많은)

697 Chipping(나뭇조각)

698 Sheepfold(양 우리)

699 Shopboy(점원)

700 Kisses(입맞춤)

701 Cast(던지기, 연극 배역)

702 Casino(카지노, 오락실)

703 Chasm(지면, 암석 따위의 갈라진 틈)

704 Kisser(키스하는 사람, 입술)

705 Gazelle(가젤) - 북아프리카, 아시아산 영양의 일종

706 Kiss-shy - 키스를 꺼리는

707 Cask(한 통의 분량)

708 Cohesive(응집력, 점착성이 있는)

709 Cusp(뾰족한 끝) - 건축 안쪽의 두 곡선이 만나는 돌출점, 초승달의 끝

710 Cats(고양이들)

711 Cadet(사관후보생)

712 Cotton(면화, 목화 면직물)

713 Gotham(고탐) - 주민들이 모두 바보였다고 전해지는 영국 노팅엄의 마을

714 Guitar(기타)

715 Cattle(소떼)

716 Cottage(오두막)

717 Coating(코팅)

718 Cadaver(사체) - 사람의 시체

719 Cut up(장난꾸러기)

720 Cans(깡통)

721 Canada(캐나다)

722 Cannon(대포, 비행기에 장착된 기관포)

723 Economy(경제)

724 Coiner(화폐 주조차)

725 Kennel(개집, 시궁창)

726 Conjurer(마법사, 요술사)

727 Conk – '머리를 때리다'의 구어체

728 Convey(나르다, 운송하다)

729 Canopy(캐노피) – 왕좌, 침대, 석교단 따위의 상부를 가리는 장식

730 Cameos(카메오) – 돋을새김을 한 장신구

731 Comet(혜성, 살별)

732 Common(공통의, 보통의)

733 Commemorate(~을 기념하다, 축하하다)

734 Camera(카메라)

735 Camel(낙타)

736 Game show(게임 쇼) – TV의 게임 쇼

737 Comic(웃기는, 익살맞은)

738 Comfy(쾌적한, 기분이 좋은)

739 Camp(야영지)

740 Caress(애무, 포옹)

741 Card(카드)

742 Corn(옥수수, 곡물)

743 Cram(게걸스럽게 먹다, 벼락공부를 하다)

744 Career(직업, 경력, 이력)

745 Carol(캐럴, 축가, 찬송가)

746 Crash(충돌하다, 산산이 부수다)

747 Crack(갑자기 날카로운 소리를 내다)

748 Carafe(유리병) - 식탁, 연단용의 유리 물병

749 Carp(잉어, 허물을 들추다)

750 Class(수업, 교실)

751 Clod(흙덩이)

752 Clan(한패, 동아리, 일족)

753 Clam(대합류의 식용 조개)

754 Clear(밝은, 맑은, 명료한)

755 Galileo(갈릴레오) - 이탈리아의 천문학자, 수학자, 물리학자

756 Clash(땡땡 울리는 소리, 충돌, 대립)

757 Clack(찰칵 소리나다)

758 Cliff(벼랑, 절벽)

759 Clap(손바닥을 세게 치다, 박수를 보내다)

760 Cages(새장, 우리)

761 Caged(감금된, 우리에 갇힌)

762 Cushion(유선, 방석)

763 Cashmere(캐시미어) - 인도 캐시미어 지방에서 생산되는 염소 모직물

764 Cashier(회계원, 출납계)

765 Cajole(꼬드기다) - 남을 감언이설로 속이다, 아첨하다

766 Quiche shop(서아프리카에서 온 흑인의 가게)

767 Catching(감염성의, 옮기 쉬운)

768 Cageful(우리에 꽉 찬)

769 Ketchup(토마토 케첩) - 토마토 소스

770 Cakes(케이크)

771 Cooked(요리된)

772 Cocoon(누에의 고치, 거미의 알을 싸는 보호용 자루)

773 Cucumber(오이)

774 Cooker(요리 기구)

775 Cackle(날카롭게 울다, 새된 목소리로 지껄이다)

776 Quick change(여객기에서 화물 수송기로 변할 수 있는, 변장술이 있는) − 배우가 의상을 재빨리 갈아입는

777 Cooking(요리, 요리법)

778 Quickfire(이동 목표에 대한 속사)

779 Cock-up(혼란)

780 Cafés(카페, 커피점)

781 Cave-dweller(동굴에 사는 사람)

782 Coffin(관, 널)

783 Caveman(석기 시대의 혈거인)

784 Caviar(캐비어: 철갑상어의 알을 소금에 절인 것)

785 Cavil(트집 잡다) − 쓸데없이 흠잡다

786 Coffee shop(커피점)

787 Caving(동굴 탐험)

788 Cavafy(카바피) − 알렉산드리아의 시인

789 Coffee-bean(커피콩)

790 Cabs(택시)

791 Cupid(큐피드: 사랑의 신)

792 Cabin(오두막집)

793 Cabman(택시 운전사)

794 Caper - 새끼양처럼 즐겁게 뛰놀고 깡충깡충 뛰어다니다, 식초에 절이거나 양념으로 사용되는 작은 열매

795 Cable(케이블, 굵은 밧줄)

796 Cabbage(양배추)

797 Coping(담이나 난간의 꼭대기에 얹는 두겁대, 갓돌)

798 Keep off(접근 금지)

799 Cobweb(거미집, 거미줄)

800 Faces(얼굴)

801 Fast(빨리)

802 Pheasant(꿩)

803 Face mole(얼굴의 사마귀, 검은 점)

804 Visor(낯 가리개, 차양)

805 Facile(경쾌한, 유창한)

806 Visage(사람의 얼굴, 용모)

807 Facing(면함, 향함)

808 Face value(액면 가격)

809 Face-up - '대담하게 맞서다'의 구어체, 도전이나 결과를 받아들이다

810 Fates(페이츠) - 그리스 신화 운명의 세 여신

811 Faded(시든, 색이 바랜)

812 Fatten(살찌게 하다, 비옥하게 하다)

813 Fathom(마음을 헤아리다, 추측하다)

814 Fetter(족쇄, 구속, 속박)

815 Fatal(치명적인, 운명을 결정하는)

816 Fattish(다소 살찐, 좀 비만한)

817 Fading(페이딩: 수신 전파의 강도가 시간적으로 변동하는 현상)

818 Fateful(운명을 결정하는)

819 Football(축구)

820 Fans(선풍기, 부채, 열성적인 팬)

821 Faint(희미한, 어렴풋한)

822 Finance(금융, 재정)

823 Venom(뱀, 거미, 전갈 따위의 독)

824 Fawner(아첨꾼, 알랑쇠)

825 Final(최종의, 최후의)

826 Finish(종결, 끝마무리, 결승)

827 Fawning(알랑거리는, 아양 떠는)

828 Fanfare(팡파르)

829 Vain boy(바보 같은 소년)

830 Famous(유명한)

831 Vomit(구역질하다, 구토하다)

832 Famine(기근, 결핍)

833 Fame-mad(명예욕에 불타는)

834 Femur(대퇴골) - 넓적다리

835 Female(여성)

836 Famish(굶주리다, 굶겨 죽이다)

837 Foaming(거품)

838 Fumeful(연기가 그윽한)

839 Vamp(요부) - 탕녀, 요부처럼 행동하다

840 Farce(광대극, 익살)

841 Fort(요새, 보루)

842 Fern(양치류의 식물)

843 Farm(농장)

844 Farrier(수의사) - 특히 말을 치료하는 의사

845 Frail(허약한, 깨지기 쉬운)

846 Fresh(신선한, 새로운)

847 Frock(여성용 드레스, 가운)

848 Verify(사실임을 증명하다, 입증하다)

849 Verb(동사)

850 False(거짓의, 허위의)

851 Fault(흠집, 결점)

852 Flan(치즈, 크림, 과일 등을 넣은 파이)

853 Flame(불길, 화염)

854 Flare(불꽃이 너울거리다, 활활 타오르다)

855 Flail(보리 따위를 터는 도리깨)

856 Flash(섬광, 번쩍임)

857 Flake(얇은 조각, 곡식을 납작하게 누른 식품)

858 Fluff(보풀, 솜털)

859 Flab(몸의 살이 늘어지거나 처지는 것)

860 Fishes(여러 종류의 물고기)

861 Fished('물고기를 잡다'의 과거)

862 Fashion(유행, 패션)

863 Fishmonger(생선 장수)

864 Fisher(어부)

865 Facial(얼굴의, 얼굴 마사지)

866 Fish shop(생선 가게)

867 Fishing(고기잡이, 어업)

868 Fish food(생선 요리)

869 Fish bait(생선 미끼)

870 Focus(초점, 중심)

871 Faked(날조된, 보조의)

872 Fecund(비옥한, 다산의)

873 Vacuum(진공, 진공 지대)

874 Fakir(고행 수도자) – 회교, 힌두교의 고행자, 탁발승

875 Fickle(불안정한, 변덕스러운)

876 Fake China(가짜 도자기)

877 Faking(위조, 날조)

878 Havocful(황폐한, 파괴적인)

879 Vagabond(방랑자, 유랑자)

880 Fifes(플루트와 비슷하고 고음을 내는 횡적)

881 Vivid(생기에 찬, 선명한)

882 Vivien-Leigh(비비안 리)

883 Five a m.(오전 5시)

884 Fever(열, 열병)

885 Favillous(재로 된)

886 Fifish(횡적과 비슷하거나 횡적의 특성을 지닌)

887 Fifing(횡적불기)

888 Vivify(생명을 주다, 소생하게 하다, 활기차게 하다)

889 Viviparous(동물 등 태생의)

890 Fibs(악의 없는 거짓말, 일격, 난타)

891 Fibbed(권투에서 맞은)

892 Fabian(싸움을 피하는 지연 전술의)

893 Fob-maker(바지의 시계 주머니 제작자)

894 Fibre(섬유질, 섬유 조직)

895 Fable(우화)

896 Foppish(멋 부리는, 맵시 내는)

897 Fee back(환불) - 제품이 만족스럽지 못할 때 지불한 돈을 되돌려 받는 자신을 상상하라.

898 Few puffs(담배 몇 모금) - 담배를 끊으려고 애쓰는 사람을 상상한다

899 Fab boy(멋진 소년) - 소녀에게 인기 있는 멋진 소년

900 Basis(기초, 토대)

901 Pasta(파스타)

902 Basin(대야, 물대접, 세면기)

903 Bosom(가슴)

904 Bazaar(중동의 시장, 잡화 시장, 백화점의 특매장)

905 Puzzle(퍼즐, 수수께끼 놀이)

906 Beseech(간청하다)

907 Basic(기초의, 기초적인)

908 Passive(수동의, 소극적인)

909 Baseball(야구)

910 Beads(구슬, 염주알)

911 Bedded(잠자리가 마련된)

912 Button(단추)

913 Bottom(밑바닥, 해저)

914 Batter(강타하다, 난타하다)

915 Battle(전투)

916 Badge(배지, 인식표)

917 Bedding(침구류)

918 Beautify(아름답게 하다, 장식하다)

919 Bad boy(품행이 좋지 않은 소년)

920 Bans(금지) - 반대, 비난, 공시

921 Band(일단, 떼, 악단)

922 Banana(바나나)

923 Benumb(추위 따위가 ~을 무감각하게 하다)

924 Banner(국가, 군대, 단체의 기, 깃발, 표지)

925 Banal(진부한, 흔해 빠진)

926 Banish(추방하다, 쫓아내다)

927 Bank(둑, 제방, 은행)

928 Banff(밴프) - 스코틀랜드 북동부, 그램피언 지역

929 Pin-up(핀으로 고정시키다)

930 Beams(광선, 석재, 목재)

931 Pomade(포마드, 머릿기름)

932 Bemoan(슬퍼하다, 비탄에 잠기다)

933 Beam-maker(목재-제작자)

934 Be merry(즐거워하다)

935 Pommel(안장 머리, 칼자루의 끝) - 도검 따위의 자루 끝

936 Bombshell(폭탄)

937 Beaming(밝게 빛나는, 밝은, 명랑한)

938 Bumph - 공식 문서나 양식으로 비판하는 말

939 Bump(쾅하고 부딪치다, 충돌하다)

940 Brass(놋쇠, 황동, 금관 악기)

941 Bread(빵)

942 Barn(헛간, 곡식 창고)

943 Brim(잔, 접시 사발의 가장자리, 모자의 테, 챙)

944 Barrier(장애물, 방벽)

945 Barrel(배럴, 한 통의 양)

946 Barge(유람선)

947 Bark(개 짖는 소리, 나무껍질)

948 Brief(간결한, 개요, 적요)

949 Bribe(뇌물)

950 Blaze(물길, 화염, 불타다, 빛나다)

951 Bald(대머리의, 노골적인)

952 Balloon(기구, 풍선)

953 Blame(비난, 책망)

954 Boiler(보일러)

955 Balliol(베일리얼 학료) - 옥스퍼드대학의 칼리지의 하나

956 Blush(얼굴을 붉히다)

957 Black(검정, 흑인)

958 Bailiff(집행관, 행정 관리)

959 Bulb(백합, 히아신스, 양파의 구근)

960 Beaches(해변)

961 Budget(예산)

962 Passion(열정, 격정)

963 Pyjamas(잠옷, 파자마)

964 Poacher(침입자, 밀렵자, 영역 침입자)

965 Bushel(부셸) – 곡식 따위의 계량 단위

966 Push-chair(접는 식 유모차)

967 Bushwhacker(오지 주민) – 삼림 지대, 오지에 사는 사람

968 Bashful(부끄러워하는, 수줍어하는)

969 Bishop(주교)

970 Bacchus(바커스) – 그리스 신화의 주신

971 Bucket(양동이)

972 Bacon(베이컨) – 영국의 수필가, 철학자

973 Becalm(진정시키다, 가라앉히다, 바람이 자서 배를 세우다)

974 Baker(빵 제조인)

975 Buckle(버클, 혁대 쇠)

976 Baggage(수하물)

977 Backing(도움, 지지, 받치는 것, 안감)

978 Back off(포기하다, 후퇴하다)

979 Back up(자원하다, 후원하다)

980 Beehives(꿀벌의 집, 벌통 모양의 것)

981 Buffet(타격, 충격, 일격)

982 Buffoon(광대, 익살꾼)

983 Pavement(포장도로)

984 Beaver(비버) - 강에서 떼지어 사는 설치목 동물

985 Baffle(좌절시키다, 실패로 끝나게 하다)

986 Peevish(짜증을 잘 내는) - 기분이 언짢은, 역정 내는

987 Bivouac(야영, 노숙)

988 Puffy face(얼굴이 부은)

989 Puff up(훅 내뿜다, 불어서 끄다)

990 Babies(아기)

991 Puppet(꼭두각시)

992 Baboon(비비: 아프리카, 남아시아 및 아라비아산)

993 Pipe major(백파이프 연주자 중의 리더)

994 Paper(종이)

995 Babble(재잘거리다)

996 Baby show(베이비 쇼)

997 Popgun(딱총, 장난감, 총)

998 Pipeful(파이프 한대 분의 담배)

999 Pop-up(야구: 짧은 플라이, 툭 튀어오르는)

1000 These zoos(이 동물원들)

13장
메이저 기억법의
1000배 활용법

10번에 걸친 상상력의 도약으로 100개를 바탕으로 1000개 항목을 외우는 기억법을 창조하고, 더 나아가 1000개를 바탕으로 1만 개의 항목을 외우는 기억법을 창조하는 것이 가능하다.

그렇게 하기 위해서는 10장에서 설명한 방법과 비슷한 방법을 사용하면 된다. 즉, 여러 가지 다른 물질이나 기타 내용으로 메이저 기억법의 항목을 간단히 덮어씌워 적용하거나 그럴듯하게 윤색하면 된다. 예를 들면 100개의 단어를 바탕으로 1000개의 단어로 확장하기 위해 다음과 같은 새로운 확장법을 이용하여 메이저 기억법의 항목을 조정할 수도 있다.

100-199　　얼음덩어리 안에서
200-299　　두꺼운 기름에 덮여

300-399   화염에 싸여

400-499   화려하고 강렬한 자주색으로 된

500-599   아름다운 벨벳으로 만들어진

600-699   완전히 투명한

700-799   가장 좋아하는 향을 맡는

800-899   혼잡한 도로 한가운데에 있는

900-1000   화창하고 햇살이 맑은 하늘에서 구름을 타고 떠도는

이렇게 100개 항목을 1000개 항목으로 확장할 수 있으면 똑같은 기법으로 1만 개의 항목까지 확장할 수 있다. 예를 들면 무지개 색깔을 이용하여 1000개 항목마다 서로 다른 색깔로 칠할 수 있다. 이와 비슷한 방법으로 여러분은 1000개 항목에 서로 다른 모양, 소리, 냄새, 맛, 촉감 혹은 느낌 등을 부여할 수 있다. 이 경우 무엇을 선택하느냐는 자신에게 달렸다. 하지만 무엇을 선택하든 간에 가장 강력한 기억 인상을 바탕으로 해야 한다.

이와 같은 슈퍼 기억법에 관심이 있거나 더욱 알고 싶은 사람은 나의 또 다른 저서 《마스터 유어 메모리》를 참고하라. 그 책에서 소개하는 자기향상 기억숙달 매트릭스는 1만 개의 기억 갈고리로 이루어진 완벽한 방법의 개요를 설명할 뿐만 아니라 예술 분야, 문학 분야, 언어 분야, 지리학 분야, 역사 분야, 과학 분야, 천문학 분야 등에서 선정한 '키데이터(key data: 키워드처럼 기억의 실마리가 되는 자료를 일컫는 말-옮긴이)'를 제공하고 있다.

앞서의 모든 기억법과 마찬가지로 메이저 기억법도 혼자서, 그리고 친구들과 함께 연습하라. 여러분은 아마도 책을 암기하고 시험을

준비하는 일이 점점 쉬운 작업이 되고 있음을 이미 깨닫기 시작했을 것이다.

결문

메이저 기억법의 적용 범위는 기억법 자체만큼이나 무한하다. 다음 장에서는 카드, 긴 숫자, 전화번호, 역사적 사건이 일어난 날짜, 생일, 기념일, 시험 정보 등을 기억하고자 할 때 메이저 기억법의 적용 방법을 설명할 것이다.

14장
기억의 마술사, 카드 기억법

여러분이 이미 익힌 기억법을 이용하면 카드 한 벌을 완벽하게 기억할 수 있다!

마술사와 기억술사는 그들에게 제시된 한 벌의 카드를 순서대로 완벽하게 기억함으로써 관중을 놀라게 하고, 또 즐겁게도 한다. 더 나아가 무작위순으로 제시된 한 벌의 카드 중에서 빠진 6장 혹은 7장의 카드를 어려운 기색 하나 없이 줄줄 말하며 관중이 감탄을 자아내게 한다. 이들의 묘기가 놀라워 보이겠지만 여러분이 이미 익힌 기억법을 이용한다면 그렇게 어려운 일은 아니다. 많은 사람들이 그들의 조수가 청중 속에 숨어 있거나 카드에 표시를 해두었거나 다른 많은 속임수를 썼다고 생각할 만큼 놀라운 묘기이기는 하지만 지금까지 익힌 기억법을 사용하면 전혀 어려울 것은 없다.

카드 한 벌을 완벽하게 기억하는 비결은 지금까지 익힌 메이저 기억법에 각 단어에 해당하는 기억 키 이미지를 붙이는 것이다. 각 카드에 해당하는 기억 키 이미지어를 만드는 데 필요한 것은 카드 짝패 한 벌에 해당하는 단어의 첫 글자와 그 카드 짝패 한 벌의 숫자가 전부다. 예를 들면 클럽(club) 카드에 해당하는 모든 단어는 c로 시작하고, 하트(heart) 카드에 해당하는 모든 단어는 h로 시작하고, 스페이드(spade) 카드에 해당하는 모든 단어는 s로 시작하고, 다이아몬드(diamond) 카드에 해당하는 모든 단어는 d로 시작한다. 그 카드 단어의 두 번째 자음은 메이저 기억법에서 사용되는 글자에 의해 나타나는 자음이 된다.

스페이드 5를 예로 들면, 스페이드 카드는 s로 시작해야 한다. 숫자가 5이고, 메이저 기억법에서 5는 l로 나타내기 때문에 마지막 자음은 l이어야 한다. 그리 어렵지 않게 여러분은 sale(판매)이라는 단어를 만들 수 있다. 이 sale(판매)이라는 단어가 스페이드 5를 나타낸다. 만약 다이아몬드 3에 해당하는 단어를 만들고자 한다면 다이아몬드 카드 짝패가 한 벌이기 때문에 d로 시작해야 한다. 그리고 숫자 3은 메이저 기억법에서 m으로 나타내기 때문에 마지막 단어는 m이어야 한다. 첫 번째 모음으로 채워 dam(댐)이란 단어를 만들 수 있다. 이 dam(댐)이란 단어는 다이아몬드 3에 해당하는 자신의 이미지어다.

다음은 카드 리스트와 그에 해당하는 기억 이미지어다. 여러분에게 어느 정도 익숙해지도록 시간을 준 다음 약간의 변형을 가하는 방법을 설명하겠다.

Clubs(클럽 카드)

CA — Cat(고양이)
C2 — Can(깡통)

C3	—	Cameo(카메오)
C4	—	Car(자동차)
C5	—	Call(통화)
C6	—	Cash(현금)
C7	—	Cake(케이크)
C8	—	Café(카페)
C9	—	Cab(택시)
C10	—	Case(경우, 상자)
CJ	—	Cadet(사관후보생)
CQ	—	Cotton(목화, 면직물)
CK	—	Club(클럽)

Diamonds(다이아몬드 카드)

DA	—	Day(낮, 날)
D2	—	Dan(남자 이름. Daniel의 애칭)
D3	—	Dam(댐)
D4	—	Dare(도전)
D5	—	Dale(골짜기)
D6	—	Dash(질주)
D7	—	Deck(갑판)
D8	—	Daffy(어리석은)
D9	—	Dab(가볍게 두드림)
D10	—	Daze(멍한 상태, 망연자실)
DJ	—	Deadwood(말라 죽은 나무)

DQ — Deaden(약해지다)

DK — Diamond(다이아몬드)

Hearts(하트 카드)

HA — Hat(모자)

H2 — Hen(암탉)

H3 — Ham(햄)

H4 — Hair(머리카락)

H5 — Hail(우박)

H6 — Hash(다진 고기 요리)

H7 — Hag(마녀)

H8 — Hoof(발굽)

H9 — Hub(중심, 허브)

H10 — Haze(아지랑이, 안개)

HJ — Headed(표제가 붙은)

HQ — Heathen(이방인)

HK — Heart(하트)

Spades(스페이드 카드)

SA — Sat(Sit의 과거)

S2 — Sin(죄)

S3 — Sum(합계)

S4 — Sear(낙인, 자국)

S5 — Sale(판매)

S6	—	Sash(장식 띠, 창틀)
S7	—	Sack(자루)
S8	—	Safe(금고)
S9	—	Sap(원기, 활기)
S10	—	Seas(바다)
SJ	—	Sated(sate: '싫증나게 하다'의 과거)
SQ	—	Satan(사탄, 악마)
SK	—	Spade(스페이드)

카드 기억법에서 Ace(에이스)는 1, Jack(잭)은 11, Queen(퀸)은 12, 10은 0으로 계산하고 King(킹)은 단순히 그가 속한 짝패의 이름을 나타낸다. 클럽 카드와 다이아몬드 카드에 해당하는 기억어는 많은 경우 메이저 기억법의 70단위와 10단위에 해당하는 단어와 같다. 하지만 걱정할 필요는 없다. 왜냐하면 두 리스트가 충돌할 일은 결코 없을 것이기 때문이다.

기억술사는 어떻게 관중을 황홀하게 사로잡을까? 그 대답은 아주 간단하다. 기억술사는 카드를 제시할 때마다 카드와 메이저 기억법의 적합한 숫자를 연상결합한다.

예를 들어 첫 번째 제시된 카드가 다이아몬드 7이었다면 기억 이미지어 deck(갑판)을 메이저 기억법의 첫 번째 단어 day(낮, 날)와 연상결합한다. 그리고 나서 보트의 갑판 전체가 대낮의 햇빛으로 휩싸여 있는 장면을 상상한다. 이렇게 연상결합할 때는 냄새를 맡고, 보고, 듣고, 맛보고, 만져보는 감각을 최대한 많이 생생하게 적용해야 한다. 두 번째 제시된 카드가 하트 에이스였다면 이 카드의 기억 이미지어 hat(모자)을 메이저 기억법의 두 번째 단어 Noah(노아)와 연상결합한다. 그리고 나서 비가 억수같이 퍼붓는 엄청난 홍수 속에 거대한 우산처럼 생긴 모자를 쓰고 방주 위에 서 있는 노아의 모습을 상상한다. 여러분은 실제로 노아가 되어 쏟아지는 빗물의 냉기를 고스란히 느끼면서 퍼붓는 빗소리를 듣도록 한다. 세 번째 제시된 카드가 스페이드 퀸이었다면 이 카드의 기억 이미지어 satan(사탄)을 메이저 기억법의 세 번째 단어 Ma(엄마)와 연상결합한다. 그리고 나서 엄마가 지옥의 유황불 속에서 사탄과 격투를 벌이는 장면을 상상한다. 이때 여러분은 가능한 많은 동작과 리듬, 색상, 감각을 사용하도록 한다. 52개의 항목을 걸 수 있는 걸이못으로 메이저 기억법을 사용하여 카드 한 벌을 암기하는 동안 여러분은 논리, 분석, 순서, 숫자 등의 좌뇌 기능과 상상, 색상, 리듬, 감각 등의 우뇌 기능을 둘 다 사용하고 있다는 것을 명확하게 알 수 있다. 저자는 이 몇 가지 예를 통해서 카드가 어떠한 순서로 제시되든 카드 한 벌 전부를 기억하는 것이 얼마나 쉬운 일인지 여러분이 알게 되길 바란다. 이것은 친구들 앞에서 할 수 있는 가장 인상적인 묘기다.

이런 식으로 카드를 기억하는 능력을 한 단계 더 발전시킬 수 있다. 한 벌의 카드에서 누군가가 6~7장의 카드를 빼고 무작위순으로 제시했을 때 여러분은 큰 머뭇거림 없이 빠진 카드의 이름을 모두 알아맞힐 수 있다. 이렇게 하는 데는 두 가지 방법이 있다. 첫 번째 방법은 5장에서 설명한 것과 비슷한 기법을 사용하는 것이다. 카드가 제시될 때마다 그 카드에 해당하는 이미지어를 앞서 언급한 '얼음덩어리' 처럼 더 큰 개념 안에서 연상결합하도록 한다. 모든 카드가 다 제시되었다면 '얼음덩어리'와 같은 더 큰 기억 개념과 연결되지 않는 단어인지에 유의하면서 간단히 카드 기억어 리스트를 훑어보도록 한다. 만약 클럽 4가 제시되었다면 거대한 얼음덩어리를 가로질러 미끄러지고 있는 자동차를 상상하거나 얼음덩어리 안에 갇혀 있는 자동차를 상상할 수 있다. 여러분은 이 이미지를 거의 잊어버릴 수가 없다. 하지만 클럽 4가 제시되지 않았다면 그 즉시 기억할 것이 없다는 것을 알 수 있다.

이러한 종류의 묘기를 펼칠 수 있는 다른 방법은 제시된 카드의 카드 기억 이미지어를 어떻게든 변형하거나 변화시키는 것이다. 예를 들어 만약 클럽 킹이 제시되고 이 카드에 해당하는 이미지가 야수 같은 club(곤봉)이라면 반으로 쪼개지는 곤봉을 상상할 수 있다. 또는 제시된 카드가 하트 2이고 이 카드의 이미지가 단순한 농장 hen(암탉)이면 엄청나게 큰 꼬리를 지닌 암탉을 상상할 수 있다.

이 장에서 기술된 기억법은 기본적으로 카드를 기억하는 것이지만 실제 카드 게임을 할 때도 이와 같은 기억법이 엄청난 도움이 될 수 있다는 것을 아는 사람은 그리 많지 않다. 카드 게임에서 내려놓은 카드를 보고 상대편의 손에 있는 카드를 알고자 자신의 카드를 번갈아가며 여러 번 반복해서 보는 사람들을 본 기억이 있을 것이다. 그들은 결국 정확히 기억할 수 없어서 애태우며 한숨을 쉬었을 것이다.

결문

이 장의 기억법을 잘 사용하면 이러한 카드 게임이 중요한 내기든 단순히 즐기기 위한 것이든 쉽고 재미있게 즐길 수 있을 것이다. 그리고 카드 게임을 하는 동안 자신의 창의적 기억력과 두뇌 유용성이 향상될 것이다.

15장
IQ를 훌쩍 높이는
긴 숫자 기억법

36쪽의 긴 숫자 기억력 테스트는 아마도 꽤 어려웠을 것이다. 대부분의 사람들은 IQ 테스트에서 7자리나 8자리가 넘는 길이의 아라비아 숫자를 기억할 수 없다.

95862190377과 같은 긴 숫자를 암기하라고 제시하면 대부분의 사람들은 다음과 같이 다양한 반응을 보인다. 숫자가 제시될 때마다 계속해서 제시하는 숫자를 반복하다가 결국에는 반복 자체의 수렁에 빠지거나, 숫자를 두세 그룹으로 나누어 암기하다가 결국에는 그룹의 순서와 내용 둘 다를 잊어버리거나, 숫자가 제시될 때마다 숫자 사이의 수학적 관계를 계산하다가 필연적으로 계산을 잊어버리거나, 숫자가 제시될 때마다 숫자를 머릿속에서 그려나가다가 긴 숫자가 제시되면서부터 점점 머릿속 그림이 흐릿해져버린다.

긴 숫자 기억력 테스트를 처음 실행했을 때를 돌이켜본다면 아마도 위에서 언급한 방법 중 하나나 그중의 몇 개를 조합한 방법을 시도했었다는 걸 깨달을 것이다. 이제 다시 한 번 메이저 기억법이 구세주가 되어 긴 숫자를 기억하는 일이 쉽고도 재미있는 일이 되게 할 것이다. 그러나 이번에는 100이나 1000, 혹은 그 이상의 리스트를 기억하는 걸이못 기억법으로써 메이저 기억법을 사용하는 대신 메이저 기억법의 유연성을 이용한다. 즉, 기본 부호와 0부터 100까지의 숫자에 해당하는 기본 키 이미지어로 되돌아가서 긴 숫자를 기억하기 위해 키 이미지어를 연결 기억법과 결합하여 사용하라.

이 장의 처음에 나오는 숫자 95862190377을 예로 들어보자. 이 숫자를 다음과 같이 더욱 작은 숫자 그룹으로 묶어 차례로 구성한 다음 각 그룹의 숫자를 메이저 기억법의 키 이미지어로 연결한다.

95 — Ball(공)
86 — Fish(물고기)
21 — Net(그물)
90 — Base(기초, 기준)
37 — Mac(방수 외투)
7 — Key(열쇠)

엄청나게 긴 숫자를 기억하고 싶다면 여러분은 연결된 메이저 기억법의 키 이미지어를 기본적인 연결 기억법을 사용해 간단하면서도 상상력이 풍부한 짧은 이야기를 만들기만 하면 된다. 예를 들어 화려한 무지개 빛깔의 공(ball)이 거대한 몸집과 아름다운 색을 지닌 물고기(fish)의 머리를 큰 소리로 함께 튕기는 순간, 물고기는 아주 헝클어지고 흠뻑 젖은 그물(net)에서 살기 위해 고군분투하며 방금 전에 빠져나왔고, 그물은 한 남자의 몸을 감싼 채 부두의 기준(base)면 즉, 해수면으로 천천히 쓰러지고 있으며, 남자는 엷은 황갈색의 바람에 날린 방수 외투(mac)을 입은 채 '쨍그랑' 하고 큰소리로 부두에 떨어진 열쇠(key)를 주우려고 몸을 구부리고 있는 장면을 상상해보자.

이 단락을 다 읽은 다음 눈을 감고 이 짧은 이야기를 다시 한 번 마음속에 그려보라. 이제 키 이미지어를 회상하여 숫자로 전환해보면 다음과 같은 결과가 나올 것이다.

b — 9
l — 5
f — 8
sh — 6
n — 2
t — 1
b — 9
s — 0
m — 3
c — 7
k — 7

95862190377

반드시 두 개의 숫자로 이루어진 그룹으로만 묶어서 긴 숫자를 기억해야 할 필요는 없다. 세 개의 하위 그룹으로 숫자를 묶어 사용하는 것도 똑같이 쉽다. 때로는 훨씬 더 쉬울 때도 있다. 숫자 851429730584를 가지고 한번 시도해보자.

- 851 — Fault(흠집, 결점)
- 429 — Rainbow(무지개)
- 730 — Cameos(카메오: 원래는 양각한 조가비를 뜻했으나 현재는 천연 소재에 조각을 한 장신구를 뜻한다-옮긴이)
- 584 — Lever(지렛대)

이 숫자를 기억하기 위해, 심지어 앞의 숫자보다 더 긴 숫자조차도 다시 한 번 기본적인 연결 기억법을 사용해서 자신의 키 이미지어로 간단하면서도 상상력이 풍부한 짧은 이야기를 만들면 된다. 이야기는 우뇌의 상상력을 이용하라. 여러분은 거대한 우주의 힘이 아름답고 눈부시게 빛나는 무지개(rainbow) 빛깔의 카메오(cameos)를 부수어 흠집(fault)을 내버렸고, 그 카메오는 너무 무거워서 옮기려면 엄청나게 큰 지렛대(lever)가 필요한 장면을 상상할 수 있다. 이 단락을 다 읽은 다음 다시 한 번 눈을 감고 머릿속 가상 스크린에 상상력이 곁들여진 짧은 이야기를 다시 띄워보라. 이제 키 이미지어를 회상하여 숫자로 전환해보면 다음과 같은 결과가 나올 것이다.

f — 8
l — 5
t — 1

r — 4
n — 2
b — 9
c — 7
m — 3
s — 0
l — 5
v — 8
r — 4
851429730584

긴 숫자를 기억하는 또 다른 방법은 자신이 기억해야 하는 숫자를 4개의 자음으로 이루어진 단어로 기본적인 메이저 기억법의 기억 부호를 즉석에서 만들어 대체하는 것이다. 예를 들면 1582907191447620과 같은 16자리의 숫자를 기억하려면 1582 - telephone(전화기), 9071 - basket(바구니, 바스켓), 9144 - botherer(괴롭히는 사람), 7620 - cushions(방석)와 같이 4자리 숫자와 키 이미지어를 만들 수 있다.

여기서 여러분은 크고 아름다운 곡조의 벨 소리가 울리는 빨간 전화기(telephone)가 길고 우아한 포물선을 그리며 바스켓(basket) 안으로 떨어지고 있고, 그 바스켓에는 남을 괴롭히는 사람(botherer)이 (희극 영화의 한 장면처럼) 거꾸로 처박혀 있으며, 동시에 다른 사람들은 그를 향해 각양각색의 방석(cushions)을 던지는 장면을 상상할 수 있다. 이 단락을 다 읽은 다음 다시 눈을 감고 이야기를 상상해보라. 그리고 나서 아래 빈칸에 단어와 숫자를 채워 넣어라.

만약 단어의 순서대로 기억하기가 어렵다면 연결 기억법 대신 숫자-모양 기억법이나 숫자-압운 기억법을 이용해서 간단히 해결할 수 있다. 이 장에서 처음 등장하는 숫자 95862190377을 예로 들면, ball(공)은 숫자 1에 해당하는 자신의 키 이미지와 간단히 연결하고 fish(물고기)는 숫자 2에 해당하는 자신의 키 이미지와 연결하며 net(그물)은 숫자 3에 해당하는 자신의 키 이미지와 연결한다. 계속 이렇게 해나간다.

또한 여러분은 로먼 룸 기억법과 알파벳 기억법 둘 다 이용할 수 있다. 긴 숫자에서 해독한 단어를 간단히 알파벳 순서로 두어도 되고 자신의 로먼 룸에 두어도 된다. 긴 숫자를 기억하는 데 있어서 자신에게 가장 적합한 방법을 정하도록 한다. 그리고 나서 이 숫자 기억 방법의 놀라운 효과를 확인하기 위해 다시 2장의 숫자 테스트를 해볼 수 있다. 그러면 처음 숫자를 기억할 때보다 얼마나 쉽게 기억할 수 있는지 바로 알 수 있다.

결문

    일단 이 기억법이 숙달되면 기억력과 창의적 상상력이 더욱 좋아질 뿐만 아니라 실제로 IQ도 높아진다. IQ 테스트에 숫자를 기억하는 능력 측정도 포함되기 때문이다. 6자리나 7자리의 숫자가 보통 사람들의 한계다. 9자리나 그 이상을 기억할 수 있으면 IQ 150이나 그 이상의 수준이다.

16장
숫자와 친해지는
전화번호 기억법

> 전화번호를 기억하기가 잊어버리는 것보다 훨씬 쉽다는 것이 이 장에서 밝혀지고, 메이저 기억법은 전화번호 기억법에서 또 다시 중요한 역할을 한다.

대부분의 전화번호는 기억 속에 박혀 있기보다 크기, 색상, 모양에 상관없이 종잇조각에 적힌 채 주머니나 서랍, 가방 또는 내가 '망각실'이라 부르는 좌절의 창고에 들어 있기 마련이다. 전화번호를 기억하는 절차는 기억해야 하는 숫자의 각 자릿수를 메이저 기억법의 기본 부호에서 추출한 글자로 바꾸는 것이다. 그리고 나서 바꾼 글자를 이용해 전화번호 숫자와 사람을 둘 다 연결시켜 외우기 쉬운 단어와 구를 만든다.

예를 들어 28쪽에서 했던 전화번호 테스트에 제시된 10명의 사람과 전화번호를 이 절차에 따라 기억해보자.

건강식품 가게	787-5953
테니스 파트너	640-7336
지역 기상국	691-0262
신문 가판대	242-9111
꽃집	725-8397
자동차 정비소	781-3702
극장	869-9521
나이트클럽	644-1616
지역사회센터	457-8910
단골 레스토랑	354-6350

이 10개의 전화번호를 기억할 수 있는 예를 들면 다음과 같다.

건강식품 가게: 787-5953

787-5953을 글자로 바꾸면 g f g-l b l m이 된다. 각 숫자의 글자로 시작하는 자신의 기억 어구(語句)는 Good Food Gudes: heaLthy Body heaLthy Mind(좋은 식품 가이드: 건강한 신체에 건전한 정신)로 표현할 수 있다. 여러분은 상상으로 건강한 가게 주인과 '건강한 신체에 건전한 정신이 깃든다(mens sana in corpore sano)'는 그리스인의 이상을 떠올릴 것이다. 아마 올림픽 게임의 모든 참가자가 이 건강식품 가게에서 음식을 사먹는 장면까지 떠올릴 것이다.

테니스 파트너: 640-7336

640-7336을 글자로 바꾸면 sh r s-c m m sh가 된다. 각 숫자의

글자로 시작하는 자신의 시각적 기억 어구(語句)는 SHows Real Skill – Can Make Masterly Shots(진정한 기술을 보여야 훌륭한 샷을 해낼 수 있다)로 표현할 수 있다. 여기서 여러분은 또 다시 자신의 테니스 파트너가 그 말을 입증하는 장면을 머릿속에 떠올려야 한다.

지역 기상국: 691-0262

691-0262를 글자로 바꾸면 Sh p d–s n sh n이 된다. 여기서 만약 자신이 태양을 다양한 모양으로 만드는 태양 조각가로 상상할 수 있다면, 그리고 스스로 기상을 마음대로 다루는 왕이라고 상상할 수 있다면 여러분은 숫자로 다시 바꾸는 글자만 담고 있는 아주 응축된 어구 'SHaPeD SuNSHiNe!(햇볕이 난!)'을 사용할 수 있다.

신문 가판대: 242-9111

242-9111을 글자로 바꾸면 n r n–p d t d가 된다. 또 다시 여러분은 응축 기술을 사용하여 신문 가판대에서 판매원이 'News! Read News! — uPDaTeD! 뉴스요! 뉴스를 읽으세요! – 방금 나온 뉴스입니다!'라고 외치는 모습을 상상할 수 있다.

꽃집: 725-8397

725-8397을 글자로 바꾸면 g n l–f m b g가 된다. 사랑하는 사람에게 방금 아름다운 꽃다발을 주고서 세상 사람들에게 'Good News Lovers! Flowers Make Beautiful Gifts!(연인들에게 희소식 – 꽃은 아름다운 선물입니다!)'라고 외치고 싶어 하는 자신의 모습을 상상하라.

자동차 정비소: 781-3702

781-3702를 글자로 바꾸면 c f t-m g s n이 된다. 자신의 정비소가 24시간 내에 모든 차를 수리하여 공장 조립 라인에서 방금 나온 새 차처럼 완벽한 상태로 차 주인에게 돌려주는 초능률적인 곳으로 상상하라. Cars Fixed Today! Made Good aS New.(자동차 수리 중! 새 차처럼 만들어줍니다)

극장: 869-9521

869-9521을 글자로 바꾸면 f sh p-p l n t가 된다. 자신의 집 근처에 있는 극장에서 셰익스피어의 수많은 작품이 상영되고, 각각의 작품을 보면서 감정의 전 영역을 경험하고 있는 자신을 상상하라. Finest SHakespearian Productions Produce Laughter aNd Tears.(셰익스피어의 주옥 같은 작품이 웃음과 눈물을 자아낸다)

나이트클럽: 644-1616

644-1616을 글자로 바꾸면 ch r r-d j d j가 된다. 뒷부분은 바꿀 필요가 없으므로 이 특별한 숫자에서 여러분이 해야 할 일은 처음 세 글자에 해당하는 짧은 어구만 찾으면 된다. CHanges Revolving Records - DJ! DJ!(다른 음악을 틀어주세요. DJ! DJ!)

지역사회센터: 457-8910

457-8910을 글자로 바꾸면 r l c-f b d s가 된다. 모두 한 자리에 모여 함께 점프하는 모습을 상상하라. Really Lively Community - Football! Badminton! Dance! Swimming!(정말 활기가 넘치는 지역 사회

- 축구! 배드민턴! 댄스! 수영!)

단골 레스토랑: 354-6350

354-6350을 글자로 바꾸면 m l r-ch m l s이 된다. 맛있는 요리를 싼 가격에 제공하는 단골 레스토랑을 상상하라. My Lovely Restaurant - CHarges Moderate; Luscious Selections. (내가 좋아하는 식당 - 가격도 적당하고 맛 좋은 음식을 골라 먹을 수 있다)

위에서 든 예는 물론 누구에게나 똑같이 적용되는 것이 아닌 매우 특수한 하나의 사례일 뿐이다. 따라서 이제 기억해야 할 중요한 전화번호에 전화번호 기억법을 어떻게 적용하느냐에 따라 결과가 달라질 것이다. 몇몇의 경우 숫자의 조합이 어렵고 적절한 어구나 단어를 만들기가 거의 불가능할 수도 있다. 이러한 경우에도 해결책은 아주 간단하다. 다루어야 할 숫자에서 부적당한 단어가 만들어질 수 있다. 그러면 기억하려는 전화번호의 주인과 단어를 우스꽝스럽고 과장된 이미지로 연결하는 기본적인 방법을 사용하라. 예컨대 취미가 골프인 친구 중 한 명의 전화번호가 491-4276이라면 49에 해당하는 메이저 기억법 기억어는 rap(지껄이다, 두드리다), 142에 해당하는 기억어는 drain(하수구), 76에 해당하는 기억어는 cage(새장)가 된다. 이 숫자를 기억하는 데 적합한 이미지로 자신의 친구가 새장(cage)처럼 창살이 있는 하수구(drain)에서 골프채로 쾅쾅 큰 소리를 내며 두드리는 (rap) 장면을 상상할 수 있다.

이제 여러분은 전화번호 기억법의 기본을 익혔기 때문에 자신의 생활에 이 기억법을 연결하여 연상결합하는 일이 중요하다. 따라서 아래에 주어진 빈칸에 자신이 기억해야 할 사람이나 장소의 이름과 전화번호 10개를 적어라. 그러고 나서 다음 장을 읽기 전에 자신의 기억 속에 10개의 전화번호 숫자가 확실하게 그려졌는지 확인하라. 이미지를 만들 때 즐겁고, 재미있고, 상상력이 풍부하게 만들수록 전화번호가 훨씬 잘 기억된다는 걸 깨달으면서 기억 원리를 기억하라.

자신에게 가장 중요한 전화번호 10개

1 _____
2 _____
3 _____
4 _____
5 _____
6 _____
7 _____
8 _____
9 _____
10 _____

17장
'내 안에 다이어리 있다'
—스케줄과 약속 기억법

이 장에서는 두 개의 기억법이 소개된다. 그중 첫 번째는 매일의 일을 기억하는 것이고, 두 번째는 주간 스케줄과 약속을 기억하는 것이다.

전화번호와 마찬가지로 많은 사람들은 약속과 스케줄을 기억하기가 어렵다는 걸 경험으로 알고 있다. 그들의 대부분은 이러한 문제점에 대처하기 위해 비슷한 방법을 사용하는데 가장 흔한 것이 매일의 약속을 시스템 다이어리에 기록하는 것이다. 하지만 불행히도 많은 사람들이 시스템 다이어리를 항상 갖고 다니지는 않는다.

이 장에서 소개하는 첫 번째 기억법은 기본적인 걸이못 기억법과 밀접한 관련이 있다. 간단하게 자신의 약속 시간과 자신의 기억법 숫자를 동일시하라. 하루는 24시간으로 이루어져 있기 때문에 짧은 기억법들을 합쳐서 24가 되도록 하거나 아예 처음부터 24개의 걸이못 단어로 된 큰 기억법 중의 하나를 사용할 수 있다.

다음과 같은 약속이 있다고 가정하자.

>   7 — 조기회 운동
> 10 — 치과 의사
>   1 — 점심
>   6 — 이사회의
> 10 — 심야 영화

하루를 시작할 때 여러분은 일정표를 훑어보고 연상결합할 단어를 확인한다.

조기회 운동 시간은 오전 7시다. 이것을 메이저 기억법의 기억어로 나타내면 Key(열쇠)다. 조기회의 모든 회원이 커다란 열쇠로 최적 건강의 문을 여는 장면을 상상하라.

오전 10시에 치과 의사와 약속이 되어 있다. 10의 메이저 기억법 기억어는 daze(멍한 상태)다. 어떠한 고통도 느낄 수 없는, 말 그대로 멍한 상태(daze)에서 마음을 달래는 음악이 흘러나오는 이어폰을 머리에 끼운다고 상상하라. (이 예에서 흥미로운 점은 이 특별한 상황을 상상하면 실제로 고통이 줄어들 수 있다는 것이다!)

다음 약속은 오후 1시(13:00)의 점심 약속이다. 여기에서 13의 메이저 기억법 기억 키워드는 dam(댐)이다. 엄청나게 큰 댐의 꼭대기에서 점심 약속을 한 손님들과 함께 댐 위쪽의 맑은 호수와 댐 아래쪽으로 포효하며 떨어지는 낙수(落水)를 바라보며 식탁에 앉아 점심을 먹는 장면을 상상하라.

오후 6시(18:00)에는 이사회의가 있다. 18의 메이저 기억법 기억어는 Daffy(어리석은)다. 이것을 연상결합하는 것은 어렵지 않다. 대피덕(Daffy Duck: 월트디즈니 만화에 나오는 '어리석은 오리'란 뜻의 캐릭터 이름-옮긴이)이 주재하는 이사회의의 기밀 사항을 상상하라.

마지막으로 오후 10시(22:00)에는 심야 영화를 보기로 했다. 22의 메이저 기억법 기억어는 Nan(할머니, 인도의 빵, 여자 이름)이다. 그래서 할머니와 함께 영화를 보러 가는 상상을 하거나 만약 인도 음식을 좋아한다면 영화 관람 내내 인도 빵(nan)을 먹는 자신을 상상할 수 있다.

여러분은 연결 기억법을 사용하여 방금 만든 이미지를 연결하거나 간단히 기본적인 숫자-모양 기억법이나 숫자-압운 기억법에 5개의 이미지를 둠으로써 이들 5개의 약속을 순서대로 쉽게 정리할 수 있다.

두 번째 소개하는 기억법은 주간 스케줄과 약속을 기억하는 기억법이다. 일요일을 한 주의 첫 번째 요일로 정하고 다른 요일에 다음과 같이 숫자를 부여하라.

요일	번호
일요일	1
월요일	2
화요일	3
수요일	4
목요일	5
금요일	6
토요일	7

요일에 숫자를 부여한 후 시간은 위에서 논의된 첫 번째 기억법에서 다룬 바대로 적용하라. 철도, 선박, 항공편 등의 시간표에 나오는

것처럼 말이다. 하루는 24시간으로 이루어져 있다. 즉 24:00에서 시작하여 오전 1:00, 정오(12:00), 13:00를 거쳐 다시 자정(24:00)으로 되돌아온다.

따라서 먼저 요일 그 다음 시간순으로 그 주의 요일과 시간을 두 자리나 세 자리 숫자로 만든다. 그리고 숫자를 메이저 기억법 리스트의 단어로 바꾸면 된다. 바꾼 단어는 적절한 약속과 연결하라. 예컨대 화요일 오전 9:00에 구입할 자동차를 보기로 했다고 가정하라. 화요일은 숫자 3으로 나타내는데 이 숫자는 메이저 기억법에서 글자 m으로 변환된다. 시간 9는 글자 b, p로 변환된다. 기본 리스트를 참고하면 여러분은 화요일 9:00에 해당하는 키워드가 map(지도)이라는 것을 알게 될 것이다. 이 약속을 기억하기 위해서 여러분이 사려는 자동차가 거대한 지도에 감싸여 있거나 거대한 지도를 가로질러 질주하면서 거대한 지도(map)를 찢고 있는 것으로 상상한다.

또 다른 예를 들면 목요일(요일 숫자 5) 오후 5시(17:00이니까 시간 숫자 17)에 기타 강습 약속이 있다. 목요일 오후 5시에서 얻은 숫자는 517이고, 이 숫자에 해당하는 단어는 leading(지도, 지휘)이다. 이것을 기억하기 위해서 솔로 기타로 전 오케스트라를 지휘하는 자신을 상상하라. 기억 원리 SMASHIN' SCOPE를 사용해서 모든 소리를 듣고, 자신의 기타를 느끼고, 청중을 보라.

여러분은 이 기억법이 메이저 기억법의 방대한 숫자에 대한 상당히 철저한 지식을 필요로 하기 때문에 다소 다루기 어렵다고 생각할지도 모르지만, 여러분이 대부분의 약속을 잡을 때 하루 중에서 그에 적합한 시간을 교대로 정하기 때문에 이것은 쉽게 해결된다. 여러분의 하루가 오전 10시부터 보통 시작된다면 오전 10시(10:00)가 자신의 약속 기억법에서 숫자 1이라 생각할 수 있다. 이와 같은 방법으로 하면 하루 중 가장 중요하고 자주 사용하는 시간은 거의 항상 단 두 자리 숫자만으로 나타낼 수 있다. 즉 메이저 기억법의 10부터 100까지의 숫자만 사용하게 된다. 일간 스케줄 기억법과 마찬가지로 이미지를 순서대로 메이저 기억법에 붙임으로써 자신의 주간 스케줄을 순서대로 정리할 수 있다.

여러분의 하루가 보통 오전 10시부터 시작된다면 오전 10시(10:00)가 자신의 약속 기억법에서 숫자 1이라고 생각할 수 있다. 이와 같은 방법을 적용하면 하루 중 가장 중요하고 자주 사용하는 시간은 거의 항상 단 두 자리 숫자만으로 나타낼 수 있다. 즉, 메이저 기억법의 10부터 100까지의 숫자만 사용하게 된다. 일간 스케줄 기억법과 마찬가지로 이미지를 순서대로 메이저 기억법에 붙임으로써 자신의 주간 스케줄을 순서대로 정리할 수 있다.

결문

실질적 효과를 위해서는 일간 스케줄 기억법으로 처음 시작하는 것이 가장 좋다. 그것에 익숙해지고 숙달되면 주간 스케줄 기억법으로 옮겨가도록 하라.

18장
천재들만 기억하는
20세기 요일 기억법

이 장을 끝내고 나면 여러분은 1900년과 2000년 사이에 있는 모든 날짜의 정확한 요일을 기억할 수 있게 될 것이다!

두 가지 기억법이 사용될 수 있는데, 그중 첫 번째 기억법은 빠르면서 간단하지만 주어진 단 한 해에만 적용된다. 반면 두 번째 기억법은 100년에 걸친 기간에 적용되지만 조금 더 어렵다. 이 두 기억법은 북미의 유명한 기억술사 해리 로레인(Harry Lorayne)의 영향을 많이 받았다. 두 기억법 중 첫 번째 기억법을 이용하여 여러분이 1971년에서 주어진 어느 날의 요일을 알고자 한다고 가정해보자. 다소 상당한 묘기처럼 들릴지도 모르지만 이 목표를 달성하기 위해서는 다음의 숫자를 기억하기만 하면 된다.

377426415375

'불가능해!' 여러분은 이렇게 말할지도 모른다. 하지만 일단 이 기억법에 대한 설명을 듣고 나면 실제로는 매우 명확하고 쉬운 기억법이라는 것을 알게 될 것이다. 위의 12자리 숫자의 각 자릿수는 1971년이라는 년도에서 각 달의 첫 번째 일요일을 나타낸다. 예를 들면 4월의 첫 번째 일요일은 그 달의 4일에 해당하고, 12월의 첫 번째 일요일은 그달의 5일에 해당한다. 일단 이 숫자를 기억하고 나면(만일 기억하기 어렵다면 15장에서 설명한 긴 숫자 기억법을 참고하라) 1971년의 어떤 날이라도 그날에 해당하는 요일을 빠르게 계산할 수 있을 것이다.

이 기억법의 개념을 설명하기 위해서는 예를 드는 것이 가장 좋다. 그러므로 자신의 생일이 4월 28일이고 그날이 무슨 요일이었는지 알고 싶다고 가정해보자. 위의 기억 숫자에서 네 번째 자리를 확인해보면 첫 번째 일요일은 4일에 해당한다는 걸 알 수 있다. 이 첫 번째 일요일 날짜에 7을 더하는 방법으로 여러분은 4월의 두 번째 일요일이 11일(4+7=11)이라는 것을 빠르게 계산할 수 있다. 즉, 4월의 세 번째 일요일은 18일에 해당하고, 네 번째 일요일은 25일에 해당한다. 이것을 알면 찾는 날짜의 요일을 알 때까지 여러분은 네 번째 일요일인 25일부터 남아 있는 날짜와 요일을 열거하게 된다. 4월 26일=월요일, 4월 27일=화요일, 4월 28일=수요일 이렇게 말이다. 따라서 1971년에 여러분의 생일은 수요일이었다.

1971년의 마지막 날이 무슨 요일이었는지 알아보자. 방법은 비슷하다. 마지막 달의 첫 번째 일요일이 5일이라는 것을 알면 여러분은 7일씩 더해갈 것이고 마지막 일요일인 26일에 이르게 된다. 남은 날짜와 요일을 열거하면 27일 월요일, 28일 화요일, 29일 수요일, 30일 목요일, 31일 금요일 이렇게 될 것이다. 따라서 1971년의 마지막 날의 요일은 금요일이다.

보다시피 이 기억법은 어떤 년도에서 특정 날짜의 요일을 알아야 할 때 적용할 수 있다. 여러분이 하는 일은 해당 년도의 각 달 첫 번째 일요일 혹은 마찬가지로 첫 번째 월요일, 첫 번째 화요일 등에 해당하는 기억 숫자를 만드는 것이 전부다. 그리고 원하는 날짜에 근접하도록 적절하게 7일씩 더하면 된다. 그러고 나서 원하는 날짜까지 열거하면 요일을 알 수 있다.

주변 년도와 관련하여 한 해의 기억 숫자를 이용하는 재미있는 한 가지 팁은 해마다 첫 번째 달에 있는 첫 번째 요일의 날짜는 하루씩 내려간다는 사실이다. 윤년은 예외다. 윤년 다음 해에는 2일이 더해진다. 예를 들어 1969년, 1970년, 1971년에는 1월의 첫 번째 일요일이 각각 5일, 4일, 3일이 된다.

이 장에서 소개할 요일을 기억하는 두 번째 기억법은 1900년부터 2000년 사이에 있는 특정 날짜의 요일을 계산하기 위한 것이다. 이 기억법에서는 각각의 달에 하나의 숫자를 부여해야 하는데 이 숫자는 변하지 않고 항상 똑같다. 그 숫자는 다음과 같다.

1월(January)	1
2월(February)	4
3월(March)	4
4월(April)	0
5월(May)	2
6월(June)	5
7월(July)	0

8월(August)	3
9월(September)	6
10월(October)	1
11월(November)	4
12월(December)	6

몇몇 사람들은 1월은 첫 번째 달이므로 1이고, 2월(February)은 네 번째 철자가 r이니까 4라는 식으로 연상결합을 사용해 기억하기를 권한다. 하지만 나는 숫자를 사용하는 것이 더 나은 방법이라고 생각한다.

144025036146

이 숫자를 단어로 만들면 144는 DRaweR(서랍장), 025는 SNaiL(달팽이), 036은 SMaSH(박살 내다), 146은 THRuSH(여자 가수)가 된다. 이 단어들은 서랍장 위의 달팽이 껍질이 한 여자 가수에 의해 박살 나는 장면으로 연결될 수 있다. 이러한 방법으로 각 달에 해당하는 숫자를 외울 수 있다.

각 달의 숫자뿐만 아니라 년도 자체도 숫자를 지닌다. 1900년부터 2000년까지 년도의 숫자를 리스트로 정리하면 다음과 같다.

0	1	2	3	4	5	6
1900	1901	1902	1903	1909	1904	1905
1906	1907	1913	1908	1915	1910	1911
1917	1912	1919	1914	1920	1921	1916
1923	1918	1924	1925	1926	1927	1922
1928	1929	1930	1931	1937	1932	1933
1934	1935	1941	1936	1943	1938	1939
1945	1940	1947	1942	1948	1949	1944
1951	1946	1952	1953	1954	1955	1950
1956	1957	1958	1959	1965	1960	1961
1962	1963	1969	1964	1971	1966	1967
1973	1968	1975	1970	1976	1977	1972
1979	1974	1980	1981	1982	1983	1978
1984	1985	1986	1987	1993	1988	1989
1990	1991	1997	1992	1999	1994	1995
	1996		1998			2000

 이 기억법은 숙달하기가 쉽진 않지만 조금만 연습하면 거의 제2의 천성이 될 수 있다. 방법은 다음과 같다. 월, 일, 년도가 주어지면 날짜의 숫자에다 월로 나타내는 숫자를 더하고 이 합계를 해당 년도를 나타내는 숫자에 더한다. 이렇게 얻은 총합계를 7로 나누는데 그 나머지 숫자가 바로 요일을 나타낸다. 이 때 일요일은 숫자 1로 간주하여 계산한다. 만약 28의 경우처럼 총합계가 정확히 7로 나누어 떨어진다면 총합계에서 7을 빼도록 하라. 즉, 이런 경우에 $4 \times 7 = 28$ 대신

에 3×7=21로 계산한다.

　이 기억법을 확인하기 위해서 우리는 두 가지 예를 들 것이다. 첫 번째 예에서 우리가 알고자 하는 요일은 1969년 3월 19일이다. 3월에 해당하는 숫자는 4이고 우리는 이 숫자를 해당 날짜인 19에 더해야 한다. 그래서 19+4=23이다. 이 합계에 우리는 1969년에 해당하는 숫자를 더해야 한다. 위의 리스트를 참고하면 그 숫자가 2임을 알 수 있다. 앞의 합계 23에 2를 더하면 23+2=25가 된다. 이 25라는 숫자를 7로 나누면 4가 남는다. 따라서 우리가 알고자 하는 요일은 그 주의 네 번째 요일이다. 즉, 수요일이다. 두 번째로 우리가 알고자 하는 요일은 1972년 8월 23일이다. 8월에 해당하는 숫자는 3이고 우리는 이 숫자를 해당 날짜인 23에 더한다. 그래서 26이 된다. 1972년에 해당하는 숫자는 6이므로 26을 더하면 32가 된다. 32를 7로 나누면 4가 남는다. 따라서 그 주의 네 번째 요일은 수요일이며, 이 요일이 바로 1972년 8월 23일에 해당하는 요일이다.

　이 규칙의 유일한 예외는 윤년에 일어난다. 즉, 윤년의 1월과 2월에만 예외다. 계산법은 똑같다. 하지만 이 두 달에 해당하는 요일은 여러분이 계산하는 요일보다 하루가 더 빠를 것이다.

결문

　다른 기억법과 마찬가지로 이 두 기억법에서 자신감을 가질 수 있는 가장 좋은 방법은 연습이다. 쉬운 것부터 시작해 점차 어려운 것으로 단계를 높여나가라.

19장
역사의 달인이 되는
연대 기억법

여러분이 앞 장에서 배운 두 기억법은 20세기의 어떤 날에 해당하는 요일을 기억할 수 있게 해준다. 이제 소개할 기억법은 역사적으로 중요한 연대를 기억하도록 해준다.

2장에서 다룬 기억력 테스트 중 하나는 다음과 같은 역사적 사건이 있었던 10개의 연대 리스트였다.

1   1666 런던 대화재
2   1770 베토벤 탄생
3   1215 마그나카르타 대헌장 승인
4   1917 러시아 혁명
5   1454 최초의 인쇄기 발명
6   1815 워털루 전투

7 1608 망원경 발명

8 1905 아인슈타인의 상대성 이론

9 1789 프랑스 대혁명

10 1776 미국 독립 선언

이와 같이 연대를 기억하는 방법은 간단하다. 전화번호를 기억하는 방법과 비슷하다. 여러분이 해야 할 일은 연대의 숫자를 나타내는 글자로부터 하나의 단어나 구를 만드는 일뿐이다. 위의 리스트는 대부분의 경우 년도의 천 단위가 모두 1로 시작하므로 천 단위의 1은 계산하지 않는다. 천 단위의 1이 없어도 우리가 거의 정확한 연대를 알기 때문이다. 이제 이 기억법을 위의 연대에 적용해보자.

1 1666년에 발생한 런던 대화재는 런던이란 도시를 거의 파괴하여 잿더미로 만들어버렸다. 1666에 해당하는 기억 어구는 666의 숫자를 글자로 바꿔 기억 어구를 만들면 aSHes, aSHes, aSHes!(잿더미! 잿더미! 잿더미!) 또는 CHarred aSHes Generally(온통 새까맣게 타버린 잿더미여!)가 된다.

2 베토벤은 음악 분야에서 수많은 업적을 이룬 것으로 유명하지만 가장 위대한 작품은 아마 합창이 들어 있는 9번 교향곡일 것이다. 그의 음악적 스타일은 타악기를 십분 활용하는 것이었다. 이를 안다면 그가 1770년에 태어났다는 것을 기억하는 것은 쉬운 일이다. 770을 글자로 바꾸어 기억 어구로 만들면 Crashing CHoral Symphony(최고의 합창 교향곡)가 된다.

3 1215년의 마그나카르타 대헌장 승인은 감성과 이성의 새로운 시대를 열었다. 이 연대를 기억하기 위해서 215를 글자로 바꾸어 기억 어구로 나타낸 New Document – Liberalisation(새로운 법률 – 자유화)이라는 어구를 사용할 수 있다.

4 1917년의 러시아 혁명은 압제에 저항한 민중들의 봉기였다. 그들은 공산주의 체제의 강력한 평등을 요구했다. 917의 기억 어구는 People Demand Communism(민중은 공산주의를 원한다)이다.

5 인쇄기는 대개가 1분에 수천 장씩 대량으로 찍어내는 거대한 윤전기다. 우리는 1454년 최초의 인쇄기가 이 윤전기의 축소판이라고 상상해 454를 기억어로 바꾼 RoLleR(롤러, 굴림대)라는 단어로 연대를 기억할 수 있다.

6 1815년의 워털루 전투는 영국의 웰링턴(Wellington) 장군에게는 승리였지만 프랑스의 나폴레옹(Napoleon)에게는 치명적 패배였다고 생각할 수 있다. 위의 RoLleR처럼 연대를 기억하기 위해서는 기억 어구보다 되도록 기억어를 사용하도록 하자. 815의 기억어는 FaTaL(치명적인)이다.

7 1608년에 한스 리페르셰이(Hans Lippershey)가 발명한 망원경은 하늘을 보는 방법에 변혁을 가져왔다. 608의 기억 어구는 CHanged SKy Focus(하늘의 초점이 바뀌다)다.

8 1905년 아인슈타인의 상대성 이론은 물체와 에너지의 존재 방법에 새로운 빛을 던졌다. 그의 이론은 그때까지 수수께끼로 남아 있던 수많은 난제를 해결했지만 또한 더 많은 수수께끼를 낳기도 했다. 905의 기억어는 Puzzle(수수께끼)이다.

9 1789년의 프랑스 대혁명에서 왕은 국민들의 반대편에 섰다. 우리는 789의 기억 어구 King Fights People(왕이 국민과 맞서다)로 그 연대를 기억할 수 있다.

10 1776년에 있었던 미국 독립 선언은 미국에서의 새로운 삶의 방식에 희망과 자신감을 주었다. 776은 기억어 CoCKSure(자신만만한)로 요약될 수 있다.

20장
잊기 쉬운 생일, 기념일, 특별한 날짜 기억법

이 장에서 소개하는 기억법은 이미 배운 기억법을 이용하기 때문에 쉬운 편에 속한다. 또한 여러분이 배운 메이저 기억법이 달과 날짜를 찾는 '열쇠'로 사용되기 때문에 대부분의 다른 기억법보다 훨씬 쉽다(다른 기억법은 대체로 해당 달에 맞춰 특별히 고안된 부호명이 따로 필요하다).

이 기억법은 각 달에 1부터 12까지의 숫자를 할당하고, 메이저 기억법으로부터 적절한 키워드를 다음과 같이 부여받는다.

    1월(January)   day(낮)

    2월(February)   Noah(노아)

    3월(March)   Ma(엄마)

    4월(April)   Ra(태양신)

    5월(May)   law(법률)

6월(June)	jaw(턱)
7월(July)	key(열쇠)
8월(August)	fee(사례비)
9월(September)	bay(만)
10월(October)	daze(멍한 상태, 망연자실)
11월(November)	Dad(아빠)
12월(December)	Dan(남자 이름, Daniel의 애칭)

생일, 기념일, 역사적인 날을 기억하기 위해서는 각 달과 날짜를 나타내는 단어 사이에 연결 이미지를 만들면 된다. 예를 들어 자신의 여자 친구 생일이 6월 17일이라고 가정하자. 6월(June)에 해당하는 메이저 기억법의 키워드는 jaw(턱)이고, 17에 해당하는 키워드는 deck(갑판)이다. 자신과 여자 친구는 함께 커다란 배의 갑판에서 행복한 시간을 보내고 있고, 입이 째지게 웃고 있는 여자 친구의 턱은 지극히 행복한 상태라는 걸 보여주는 장면을 상상해보라.

또 여러분이 2월 25일인 부모님의 결혼기념일을 기억하고자 한다고 가정해보자. 2월(February)에 해당하는 키워드는 Noah(노아)이고 25에 해당하는 키워드는 nail(못)이다. 동물들을 짝 지워준 노아가 여러분의 부모님을 못 박히듯 꼼짝 못하게 해서 결혼시키려는 장면을 상상해보라.

역사적인 날을 기억하는 것 역시 정말 쉽다. 예를 들어 U.N.(United Nations)이 공식적으로 출범한 날은 10월 24일이었다. 10월(October)에 해당하는 메이저 기억법 키워드는 daze(멍한 상태, 망연자실)이고, 24에 해당하는 키워드는 Nero(네로)다. 네로(Nero: 로마의 5대 황제로 로마를

불태운 것으로 알려졌다-옮긴이)의 방화로 인해 불타는 도시의 화염을 보고 망연자실한 한 마리 말이 혼란 없는 곳을 찾아 질주하는 장면을 상상해보라.

생일, 기념일, 역사적 사건이 일어난 날을 기억하는 또 다른 방법인 Universal Personal Organiser(UPO) 같은 다이어리 기억법을 사용하면 아주 유용하다.(283쪽 참조) 이 기억법은 모든 기억 원리를 사용하고 있을 뿐만 아니라 특정 부분은 이 장에서 다룬 것과 같은 항목을 암기할 수 있도록 해준다.

이 기억법에는 한 가지 작은 문제점이 있다. 날짜를 알지만 그것을 기억해야 한다는 사실 자체를 망각할 가능성이 있다! 그러나 이것은 한 주 내지 두 주가 지나는 동안 자신의 기억 연결을 규칙적으로 확인하는 습관을 기름으로써 극복할 수 있다.

결문

이 장에서 설명한 두 기억법은 이전의 역사적으로 중요한 연대를 기억하는 기억법과 효과적으로 연결할 수 있다. 이렇게 하면 여러분은 완벽한 날짜 기억법을 완성하게 된다.

21장
기본 단어 100개로 해결하는 외국어 기억법

개요

● 100개의 기본 단어가 모든 회화의 50퍼센트를 이룬다.

어휘는 언어라는 건물을 이루는 기본 토대다. 그러므로 단어를 보다 쉽게 익히고 기억하는 방법을 개발하는 일은 바람직할 뿐만 아니라 꼭 필요하다.

나의 책 《스피드 리딩 북》과 《마스터 유어 메모리》에서 언급한 바와 같이 어휘는 효율적인 읽기 능력 개발뿐만 아니라 학술과 비즈니스 분야의 성공에 가장 중요한 요소로 간주된다. 그래서 개인이 구사하는 어휘의 크기가 바로 그 사람의 지식 범위를 나타내는 지표라는 것을 깨닫게 되더라도 놀랄 필요가 없다.

단어를 기억하는 보다 좋은 방법 중의 하나는 익히려는 언어에서 가장 빈번하게 나오는 접두사(어근 앞에 되풀이되는 글자, 음절, 단어), 접미사(어근의 끝에서 되풀이되는 글자, 음절, 단어), 어근(다른 단어가 파생되는 단어)을 익히는 것이다. 이에 관한 포괄적인 리스트는 나의 저서 《스피드 리딩 북》의 어휘에 관한 장에서 제시하고 있으니 참고하라.

여기서는 단어 기억력을 향상시키는 방법에 관한 몇몇 팁을 소개한다.

1 접두사, 접미사, 어근이 어떤 방법으로 사용되고 있는지 연구하면서 좋은 사전을 선택하여 여기저기 훑어보라. 이때 가능하면 회상력을 강화하는 연상결합을 사용하라.

2 자신의 어휘력에 매일 일정한 수의 새로운 단어를 추가하라. 앞서 설명한 것처럼 새로운 단어는 반복의 원리가 실행될 때만 기억이 지속된다. 새로운 단어를 처음 익힌 후에는 가능한 문맥 속에서 그 단어를 많이 사용하라.

3 언어에서 새로운 단어를 의식적으로 찾아라. 정신 자세로 알려진 이러한 집중력 설정은 자신의 기억 갈고리가 새로운 언어 고기를 더욱 많이 낚을 수 있는 여지를 제공해준다.

위의 세 가지는 언어에 관한 지식을 습득하는 데 있어서 기억을 도와주는 일반적 학습 보조 기법이다. 이 팁은 자신의 현재 어휘력을 향상시키는 수단으로 비단 영어뿐만 아니라 배우기 시작하고 있는 모든 외국어에 적용할 수 있다. 단어를 익히는 전반적인 토대를 확립하고 나면 특정 단어의 기억이 더욱 확실해진다. 다른 기억법과 마찬가지로 여기서도 키워드는 연상결합이다. 언어 학습 상황에서는 언어가 어족(語族)이나 관련 단어로 그룹지어진다는 사실을 이용하면서 음과 이미지 그리고 유사성을 연상결합하는 것이 좋다.

이와 같은 연결 방법에 있어 아이디어를 주기 위해 영어, 불어, 라틴어, 독일어에서 몇몇 단어를 예로 들어보겠다. 먼저 영어를 예로 들면 여러분이 vertigo라는 단어를 기억하고자 한다고 가정하자. 이 단어의 의미는 'dizziness(현기증)' 혹은 'giddiness(현기증)'이고 이 단어에서 주변의 물체가 사람은 마치 빙빙 도는 것처럼 느낀다. 이 단어를 기억에 명기(銘記)시키기 위해서 주변의 모든 물체가 이 단어의 음을 자기 자신 주위에서 빙빙 돌고 있다고 느끼면 흔히 스스로에게 던지는 질문인 'where to go?'라는 어구와 함께 연상결합한다.

영어에서 많은 사람이 혼동하는 두 단어는 높은 곳에 병적인 공포를 느끼는 'acrophobia(고소 공포증)'와 열린 공간에 병적인 공포를 느끼는 'agoraphobia(광장 공포증)'다. 만일 acrophobia의 acro를 acrobat(아주 높은 곳에서 곡예를 하는 사람)와 연상결합하고 agoraphobia의 agora를 머릿속에 넓은 들판의 이미지를 불러일으키는(그리스어로 agora는 실제로 '시장'을 의미하기는 하지만) agriculture(농사)와 연상결합한다면 그 차이점은 매우 확연해진다.

외국어가 언어군(群)으로 형성된다는 사실을 깨달을 때 외국어는 더욱 익히기 쉬워진다. 특히 모든 유럽어(핀란드어, 헝가리어, 바스크어를 제외한)는 인도 유럽 언어군(群)의 일부여서 결과적으로 음과 뜻 모두 비슷한 단어가 많다. 예를 들면 영어의 father(아버지)가 독일어로는 vater, 라틴어로는 pater, 프랑스어로는 pere, 이탈리아어와 스페인어로는 padre다. 라틴어를 알면 모든 로망스어(옛 광대한 로마 제국 영역에서 오늘날 국가 형태를 갖추고 있는 유럽 국가의 국어를 총칭하는 말-옮긴이)를 이해하는 데 엄청나게 도움이 된다. 로망스어는 많은 단어들과 비슷하다. love(사랑)에 해당하는 라틴어는 amor이다. 영어에서 love와 관련 있는 단어로는 amorous가 있는데 '사랑하고 싶은, 사랑에 빠진, 사랑의' 등과 같은 의미를 지닌다. 그 연결성은 명확하다. 이와 비슷하게 God(신)에 해당하는 라틴어는 Deus이다. 영어에서 deity와 deify는 각각 '신성한 상태, 신, 조물주'와 '신성시하다'를 의미한다.

프랑스어는 고대 로마 병사들이 쓰던 언어에서 파생되었다. 로마 병사들은 head(머리)를 testa라고 불렀고 여기서 프랑스어 tete가 파생되었다. 또한 arm(팔)은 Brachium이라 불렀고 여기서 프랑스어 bras가 파생되었다. 일상 영어의 50퍼센트 정도가 직접적으로 혹은 프랑스어와 영어 사이에 노골적으로 많은 유사성을 초래한 노르만 프랑스어를 경유하여 라틴어에서(그리스어 포함) 파생되었다.

언어군(群)을 바탕으로 한 유사성 외에도 외국어의 단어는 영어 단어를 기억하는 방식과 똑같은 방법으로 기억할 수 있다. 우리가 지금 프랑스어를 논하고 있기 때문에 다음에 소개하는 두 가지는 그 예로 적절하다. book(책)에 해당하는 프랑스어는 livre이다. 이것은 library(도서관)란 단어의 처음 네 글자를 생각하면 보다 쉽게 기억할 수 있다. 도서관은 책이 분류되고 연구되는 곳이기 때문이다. pen(펜)에 해당하는 프랑스어는 plume이다. 영어에서 plume은 장식용으로 사용되는 새의 깃털(feather), 특히 커다란 깃털을 의미한다. 이것은 강철 펜촉, 만년필, 볼펜 등이 발명되기 이전에 널리 사용되던 깃펜(quill pen)을 머릿속에 즉시 떠올리게 한다. plume(펜의 프랑스어) - feather(깃털) - quill(깃펜) - pen(펜의 영어)의 연결 고리는 프랑스어를 쉽게 기억하게 만든다.

라틴어, 그리스어, 프랑스어와 별개로 영어는 대개 앵글로·색슨어이며 독일어로 되돌아가서 독일어와 영어가 같은 수많은 단어를 만들어냈다. 예를 들면 will(의지, 결심), hand(손), arm(팔), bank(은행, 둑) halt(정지), wolf(늑대) 등이 그런 것들이다. 반면에 light(Licht: 빛), night(Nacht: 밤), book(Buch: 책), stick(Stock: 지팡이), ship(Schiff: 배), house(Haus: 집) 등과 같이 밀접한 연관성이 있는 단어도 있다.

모국어든 외국어든 언어를 익히면서 흔히 겪는 좌절과 낙담을 꼭 맛봐야 할 필요는 없다. 그것은 여러분의 기억력이 이용 가능한 모든 정보 조각을 갈고리로 걸 수 있는 방법으로 익히려는 정보를 간단하게 조직화하는 것에 관한 문제다.

언어 학습을 순조롭게 출발하는 한 가지 방법은 대부분의 언어에서 모든 대화의 50퍼센트가 100개의 단어만으로 이루어진다는 사실을 깨닫는 것이다. 메이저 기억법을 이용해서 100개의 단어를 암기한다면 여러분은 어떠한 원어민을 만나더라도 기본적인 대화를 알아들을 수 있는 50퍼센트의 가능성을 이미 확보한 셈이다.

여러분을 좀 더 편하게 해주기 위해 영어에서 사용되는 기본 단어 100개를 아래에 나열해 놓았다. 이 단어를 이에 해당하는 프랑스어, 독일어, 스웨덴어, 이탈리아어, 스페인어, 포르투갈어, 러시아어, 중국어, 일본어, 에스페란토어와 비교한다면 강세와 억양 면에서 약간의 변화가 있을 뿐 거의 50퍼센트가 영어와 같음을 알게 될 것이다.

모든 대화의 50퍼센트를 이루는 100개의 기본 단어

1 a, an

2 after

3 again

4 all

5 almost

6 also

7 always

8 and

9 because

10 before

11 big

12 but

13 can(I can)

14 come(I come)

15 either/or

16 find(I find)

17 first

18 for

19 friend

20 from

21 to go(I go)

22 good

23 goodbye

24 happy

25 have(I have)

26 he

27 hello

28 here

29 how

30 I

31 I am

32 if

33 in

34 know(I know)

35 last

36 like(I like)

37 little

38 love(I love)

39 make(I make)

40 many

41 me

42 more

43 most

44 much

45 my	69 still
46 new	70 such
47 no	71 tell(I tell)
48 not	72 thank you
49 now	73 that
50 of	74 the
51 often	75 their
52 on	76 them
53 one	77 then
54 only	78 there is, there are
55 or	79 they
56 other	80 thing
57 our	81 think(I think)
58 out	82 this
59 over	83 time
60 people	84 to
61 place	85 under
62 please	86 up
63 same	87 us
64 see(I see)	88 use(I use)
65 she	89 very
66 so	90 we
67 some	91 what
68 sometimes	92 when

93 where	97 with
94 which	98 yes
95 who	99 you
96 why	100 your

위의 단어뿐만 아니라 그 외의 단어를 암기할 때도 기억 원리를 적용한다면, 대부분의 아이가 언어를 익히는 것처럼 언어 학습이 쉽고도 재미있는 일이라는 것을 깨닫게 될 것이다. 어른도 아이와 마찬가지로 언어를 잘 익힐 수 있다. 아이들은 언어에 마음을 열고 실수를 두려워하지 않는다. 아이들은 기본적인 것들을 반복하여 연상결합을 만들고, 보다 귀 기울여 듣고, 모방하여 흉내 내고, 어른들이 필요하다고 생각하는 만큼의 많은 지시가 없어도 전반적으로 언어를 익히는 시간 자체를 즐기면서 보낸다.

03

마인드맵으로 기억력 10배 끌어올리기

22장 마인드맵을 기억 노트로 활용하라
23장 사람 이름과 얼굴 기억해내기
24장 잊어버린 것 기억해내기
25장 공부한 것 기억해내기
26장 연설문, 조크, 희곡, 시, 기사, 책 기억해내기
27장 꿈 기억해내기
28장 미래를 위한 기억법

22장
마인드맵을 기억 노트로 활용하라

대부분의 사람들은 노트 필기 과정에서 두뇌의 아주 작은 부분만을 사용하기 때문에 노트한 내용을 제대로 기억하지 못한다. 마인드맵핑 기법은 여러분으로 하여금 책 한 권 전체를 기억하도록 해줄 것이다!

전형적인 노트 필기법은 문장, 구, 목록, 직선, 숫자를 사용한다. 이러한 노트법은 단어, 목록, 순서, 차례, 숫자 등과 같은 좌뇌의 기억 원리만을 사용하고 상상, 연상결합, 과장, 축소, 터무니없음, 유머, 색상, 리듬, 감각, 성적 관심, 감수성 등과 같은 우뇌의 기억 원리를 무시한다.

노트 필기를 잘 하려면 전통적인 노트 필기법과 결별하고 모든 기본 기억 원리와 마찬가지로 좌뇌와 우뇌 모두를 사용해야 한다. 이러한 노트 필기법에서는 선이 그어져 있지 않은 빈 종이에 작성하고자 하는 노트의 중심 주제를 요약한 핵심 기억 이미지(우뇌)를 사용한다.

이 중심 이미지에 일련의 선(좌뇌)을 연결하고 그 선 위에 노트하려는 부주제를 키워드로 적거나(좌뇌) 부주제에 관한 실제 이미지 자체를 그린다(우뇌). 이 선에 더 많은 선을 연결하여 다시 그 선 위에 키워드를 쓰거나 이미지 자체를 그려나간다. 이런 식으로 노트하면 모든 것을 담아내는 다차원적이고 연상결합적이고 상상력이 풍부하고 색상이 다양한 마인드맵 기억 노트가 만들어진다.

마인드맵으로 노트하면 다차원적인 기억술 노트 필기법에 모든 기억 원리를 적용하기 때문에 기록하는 모든 것을 즉시, 그리고 완전히 기억할 뿐만 아니라 노트하고 있는 것이 무엇이든 이해하고 분석하고 비판적으로 생각할 수 있도록 해준다는 점을 알게 될 것이다. 동시에 마인드맵 노트법은 학습하고 있는 강의나 책에 집중할 시간을 더욱 많이 제공해준다. 마인드맵과 그 활용에 관해서는 나의 책《마인드맵® 북》과《마인드맵® 두뇌사용법》에서 더욱 자세히 설명하고 있다.

마인드맵의 예로 〈컬러 도판 3〉은 이 책의 교정을 책임지고 있는 편집자 중 한 사람이 이 책의 모든 정보를 재구성하고 요약하는 하나의 방법으로 마인드맵을 사용한 것이다. 이 한 장의 마인드맵은 일반 정보, 특수 기억법, 메이저 기억법과 그 응용, 마인드맵과 그 응용 등이 하나의 자연적인 집합체로 나타난 것이다.

마인드맵 기법은 키워드와 키 이미지를 사용하여 책 한 권 전체를 한 장의 종이에 그림으로 표현하여 기억할 수 있게 한다. 마인드맵 노트에 적용된 기억 원리와 창의적 사고 원리는 여러분이 부딪치는 새로운 학과목을 쉽게 해결하고 성공적으로 시험에 통과할 수 있게 해준다.

결문

이어지는 장부터는 얼굴과 함께 이름을 기억한다거나 잊어버린 항목, 장소, 숫자를 다시 기억해낸다거나 시험 때 공부한 것을 기억해낸다거나 연설문, 조크, 시, 책을 암기한다거나 생각나지 않는 꿈을 기억해낸다거나 할 때 마인드맵을 어떻게 적용하는지를 보여준다.

23장
사람 이름과 얼굴
기억해내기

개요

- 이름과 얼굴을 기억하는 부잔의 사교 에티켓법
- 사교 에티켓 기억 단계
- 이름과 얼굴을 기억하는 기억술의 원리
- 머리와 얼굴의 특징

이름과 얼굴을 기억하는 것은 우리들의 일상생활에서 가장 중요하고 가장 어려운 일 중의 하나다.

이름과 얼굴을 기억하는 것이 어려운 이유는 대부분의 경우 이름과 얼굴이 실질적인 연관성이 없기 때문이다. 옛날에는 기억력과 연상결합을 근거로 이름을 지었기 때문에 이름과 얼굴을 외우기가 쉬웠다. 즉, 정기적으로 온통 밀가루 반죽과 함께 하얀 밀가루를 뒤집어쓴 손을 지닌 사람에게는 Mr Baker(빵 굽는 사람)라는 이름을 붙였고, 매

번 그 사람의 집 정원이나 다른 사람의 집 정원에서 본 사람에게는 Mr Gardener(정원사)라는 이름을 붙였고, 하루 종일 뜨거운 불 위에서 쇳덩어리를 두드리며 일하는 사람에게는 Mr Blacksmith(대장장이)라는 이름을 붙였다. 여러 세대가 바뀌는 동안 성은 원래의 의미가 점점 사라졌고 이름과 얼굴을 기억하는 일이 점차로 어려워지면서 이름이 얼굴과 직접적인 연관성이 없는 현재의 상태에 이르게 되었다.

이러한 상황에 대처하는 두 가지 주요 방법이 있는데 각각의 방법은 상호 보완적이다. 그 첫 번째가 부잔의 사교 에티켓법이고 두 번째가 기억술을 이용한 방법이다.

이름과 얼굴을 기억하는 부잔의 사교 에티켓법

이름과 얼굴을 기억하는 부잔의 사교 에티켓법을 알고 나면, 두 번 다시 순식간에 5명의 사람에게 소개되어 서둘러 '만나서 반갑습니다, 만나서 반갑습니다, 만나서 반갑습니다, 만나서 반갑습니다, 만나서 반갑습니다'를 반복하면서 그들 모두의 이름을 잊어버리고 있는 자신에게 당황하며 결국 다섯 켤레의 구두만 소개받게 되는 상황에 처하지 않게 해준다.

사교 에티켓법은 아주 간단한 두 가지만을 요구한다.

1 만나는 사람들에 대한 관심
2 예의

이 방법은 에티켓에 관한 책에서 설명하고 있는 것과 비슷하다. 하지만 에티켓에 관한 책을 쓴 저자조차도 원래의 규칙이 단순히 엄격한 규율을 강화하기 위한 것이 아니라 사람들이 친밀함을 바탕으로 상호 작용하도록 하기 위해 만들어졌다는 사실을 깨닫지 못하는 경우가 흔하다. 사교 에티켓의 규칙은 사람들이 만나서 서로를 기억할 수 있게 하기 위해 정식으로 구성되었다.

다음 소개하는 사교 에티켓법의 기억 단계는 이름과 얼굴을 기억하는 데 많은 도움을 줄 것이다.

사교 에티켓법의 기억 단계

1 마음 자세를 갖춰라

사람들을 만나기 전에 스스로 성공하리라 생각하며 마음의 준비를 하라. 많은 사람이 이름과 얼굴에 대해 자신이 좋지 못한 기억력을 갖고 있다고 생각하며 모임에 나간다. 그 결과 그들은 스스로에게 그 사실을 확인시켜주는 꼴이 되어버린다. 만약 자신의 기억력이 좋아지고 있다고 믿는다면 즉시 기억력이 좋아졌음을 알게 될 것이다. 사람들과의 만남을 준비할 때는 가능한 한 평정심을 유지하면서 긴장을 풀도록 애쓰고 어느 장소에서나 2~5분 정도 휴식을 취하여 마음의 준비를 하라.

2 관찰하라

사람들을 만날 때는 상대방의 눈을 똑바로 응시하라. 바닥을 내려다보거나 먼 곳을 바라보면서 시선을 돌리지 않도록 하라. 누군가의 얼굴을 쳐다볼 때는 독특한 얼굴의 특징에 주의한다. 이렇게 하면 이름과 얼굴을 기억하는 기억술의 적용에도 도움이 되기 때문이다. 239~247쪽에는 머리꼭지에서부터 턱 끝까지 두루 살필 수 있는 '안내원이 딸린 여행' 상품을 제공하고 있다. 거기에는 머리와 얼굴의 다양한 특징을 열거하고 있으며 그 특징을 분류하고 유형화할 수 있는 방법도 제시하고 있다. 관찰의 기술이 숙달될수록 사람들의 얼굴이 어떻게 다른지 더욱 정확히 파악할 수 있다.

관찰력이 예리해지면 그만큼 기억력이 향상될 가능성도 높아진다. 실체를 보지 않는 멍한 시선은 나쁜 기억력의 주요 원인 중 하나다.

공공장소에서 관찰력 연습을 하면 이에 대한 마음의 준비를 할 수 있다. 시간대에 따라 얼굴 부위 중 서로 다른 부분을 관찰하라. 즉, 어느 날은 사람들의 코를 집중해서 보고, 다른 날은 눈썹, 또 다른 날은 귀, 그리고 또 다른 날은 머리 모양 등을 집중해서 보라. 여러분은 사람마다 얼굴의 각 부분이 엄청나게 다양하다는 사실에 깜짝 놀랄 것이다. 차이점의 관찰 횟수가 증가하면 여러분이 만나는 새로운 얼굴을 기억하기가 쉬워질 것이다.

3 귀를 기울여라

소개를 받을 때 상대방의 이름에 특히 주의를 집중하면서 그 음에 의식적으로 귀를 기울인다. 이것은 소개 과정에서 중요한 단계이다. 많은 사람이 이 단계에서 실패하는데 그 이유는 소개받는 사람의 이름을 듣는 것보다 곧 이름을 잊어버릴 것이라는 사실에 더욱 신경을 쓰기 때문이다.

4 반복을 요청하라

상대방의 이름을 꽤 잘 들었다 하더라도 '죄송합니다만, 성함을 한 번 더 말씀해주시겠습니까?' 하고 정중하게 부탁한다. 반복은 기억에 있어서 중요한 수단이다. 학습하고자 하는 항목의 반복은 그것을 기억할 가능성을 크게 높여준다.

5 발음을 확인하라

일단 이름을 들었으면 그 이름의 주인공에게 자신이 알고 있는 발음이 맞는지 즉시 확인한다. 이렇게 하면 자신의 관심도 보여주고 이름을 한 번 더 되풀이하게 되므로 기억할 가능성이 높아진다.

6 철자를 한 번 더 물어보라

상대방 이름의 철자를 정확하게 모를 때는 정중하게 철자를 물어서 자신의 관심을 보여주고 이름이 한 번 더 자연스럽게 반복되도록 한다.

7 이름의 유래를 취미로 하라

자신의 새로운 취미 중 하나가 이름의 배경과 유래라고 설명하고, 상대방 이름과 성(姓)의 유래를 정중하게 물어보라.(자신의 성(姓)에 관한 역사는 모두 알고 있다!) 놀랍게도 평균 50퍼센트 이상의 사람이 적어도 가문의 명칭에 관한 배경 정도는 알고 있을 뿐만 아니라 이런 화제에 열정적으로 참가한다. 이렇게 해서 여러분은 개인적으로 다시 한 번 자신의 관심을 보여줄 뿐만 아니라 이름을 되풀이 할 수 있는 기회를 만들게 된다.

8 명함을 교환하라

일본인은 명함 교환을 주요 사교 기능으로 발전시켰다. 그들은 명함 교환이 기억에 얼마나 도움이 되는지 깨달았던 것이다. 여러분이 정말로 사람의 이름을 기억하는 데 관심이 많다면 상대방에게 내놓을 만한 그럴듯한 명함을 가지고 다녀야 한다. 그러면 대개의 경우 상대방도 명함을 주거나 자세한 정보를 적어줄 것이다.

9 대화하면서 이름을 반복하라

좀 더 관심 있게, 좀 더 정중하게, 좀 더 반복하는 원칙을 계속 시행하면서 새로이 만나는 사람들과 대화하는 동안 그들의 이름을 가능한 모든 장소에서 반복하라. 이렇게 이름을 반복하면 기억에 더욱 강하게 남고 사교적으로 다른 사람을 친숙하게 대화에 끌어들이는 등 많은 이점이 있다. 다른 사람들에게는 '네, 그녀가 그러던데요……'라고 말하는 걸 듣는 것보다는 '네, 메리가 그러던데요……'라고 말하는 것을 듣는 편이 훨씬 친숙하게 느껴진다.

10 마음속으로 되뇌어보라

대화 도중 잠시 틈이 생기면 말을 하고 있는 다양한 사람과 그 말의 대상이 되는 사람을 관심 있게 분석적으로 지켜보라. 그리고 지금쯤 벌써 여러분에게 제2의 천성이 되고 있을 이름을 스스로 마음속으로 되뇌어보라.

11 혼자 있을 동안 점검하라

누군가가 먹을 음료수나 자신이 먹을 음료수를 가지러 가거나 어떤 이유로 일시적으로 무리와 떨어져 혼자 있게 되었을 때는 만났던 모든 사람을 자세히 점검하는 시간을 갖고 그들의 이름과 철자, 이름과 함께 수집한 배경 정보, 대화 도중 흥미를 불러일으켰던 사항을 더해 스스로 되새겨보라. 이렇게 하면 여러분은 연상결합한 각자의 이름으로 둘러싸이고 자신의 마음속에 네트워크 지도가 만들어져 기억해낼 가능성이 높아진다. 24장에서 설명한 재기억에 관한 과정을 긍정적으로 사용하게 될 것이다.

12 헤어질 때도 반복하라

작별 인사를 할 때도 꼭 상대방의 이름을 넣어서 인사를 하라. 지금쯤 여러분은 11장에서 설명한 기억의 초기 효과와 최근 효과의 특징 모두를 사용하고 있을 것이다. 즉, '학습 기간' 동안 학습이 시작되는 시점과 끝나는 시점 모두를 통합하고 있는 것이다.

13 복습하라

a 마음: 새로운 사람을 만나서 헤어질 때 그들의 이름과 얼굴을 마음속에 재빨리 떠올려라.

b 사진: 가능하면(예를 들면 파티에서) 모임의 사진을 찍어두라.

c 이름과 얼굴 기억 다이어리: 만약 여러분이 이름에 관한 기억술의 대가가 되는 것에 정말로 관심이 있다면 다이어리에 만난 사람들의 얼굴과 이름에 관한 한 장의 마인드맵(22장 참조)으로 재빨리 스케치하여 만들어라. 그리고 이름에 그 사람과 관련된 정보를 키워드나 이미지로 표현하라. 'Universal Personal Organiser'와 같은 다이어리 기억법은 이 연습에 아주 유용하다.

d 개인 명함 파일: 각 명함에 관련된 사람을 만난 시간과 장소 그리고 날짜를 기록하면서 명함 파일을 관리하라. 특히 이미지와 색상을 사용한 마인드맵 방식으로 명함을 관리하면 그 가치는 더욱 높아질 것이다.

e 마인드맵핑: 특히 효과가 좋았던 기억 원리와 특별한 성공 사례는 마인드맵으로 기록하다가 어느 정도 숙달되면 머릿속으로 마인드맵을 사용해보라.

14 반전의 원리를 이용하라

지금까지의 과정을 역으로 진행해보라. 예를 들면 자신이 다른 사람에게 소개될 때 자신의 이름을 반복해서 말해 주고 이름의 철자도 덧붙여 알려주면서 적절하다고 생각되면 이름의 유래도 말해주라. 그리고 마찬가지로 적절한 장소라고 생각되면 명함도 건네주라. 대화하는 내내 스스로를 언급할 상황이 있다면 자신의 이름을 사용하도록 하라. 이렇게 하면 다른 사람들이 당신을 쉽게 기억하게 되고 다른 사람들도 이에 영향을 받아 자신을 지칭할 때 대명사보다는 자신의 이름을 사용하게 될 것이다. 이 방법은 더욱 공손해지는 것 외에도 전체 대화를 더욱 개인적이고 즐겁고 친하게 만들어줄 것이다.

15 자기 페이스를 지켜라

첫 미팅 상황으로 인한 스트레스 때문에 급하게 서두르는 경향이 있다. 이름과 얼굴을 기억하는 위대한 기억술사와 사교 에티켓의 대가는 늘 여유를 갖고 서두르지 않으며 만나는 모든 사람에게 적어도 한 가지씩 개인적인 것을 말한다.

16 즐겨라

이름과 얼굴을 기억하는 것을 재미있으면서도 진지한 게임으로 만든다면 여러분의 우뇌는 훨씬 더 자유롭고 개방되어 상상력이 풍부한 연상결합과 훌륭한 기억력에 필요한 연결을 만들어낸다. 아이는 어른보다 이름과 얼굴을 더 잘 기억하는데 그 이유는 아이들의 두뇌가 더 우수해서가 아니라 이 책에서 설명하고 있는 모든 기억 원리를 자연스럽게 적용하기 때문이다.

17 플러스 원(+1) 원리를 이용하라

여러분이 새로 만난 30명의 사람 중에서 평균 2~5명밖에 기억하지 못한다면 자신이 평소 기억하는 것보다 한 명 더 기억하는 것을 목표로 정하라. 이렇게 하면 자신의 마음속에 성공의 원리가 자리 잡아 처음부터 완벽하게 기억하려는 불필요한 스트레스를 받지 않는다. 새로운 만남의 상황에 처할 때마다 플러스 원(+1) 원리를 이용하라. 그러면 이름과 얼굴을 기억함에 있어 성공으로 가는 길을 보장받을 것이다.

이 단계에서 유용한 연습 혹은 게임은 17개의 사교 에티켓 기억 단계에서 첫 번째 글자를 뽑아 기억용 두문자어(頭文字語)를 만드는 것이다. 모든 'SMASHIN' SCOPE' 원리를 사용하라!

이름과 얼굴을 기억하는 기억술의 원리

이름과 얼굴을 기억하는 기억술의 원리는 4장에서 설명한 것처럼 상상력과 연상결합을 강조한다. 그 단계를 살펴보면 다음과 같다.

1 기억하고자 하는 사람의 이름에 관한 선명한 이미지를 마음속으로 만들어라.
2 그 사람의 이름을 한 번 더 말하게 해서 다시 들을 수 있도록 하라.
3 239~247쪽에서 설명하는 '머리와 얼굴의 특징'에 유념하면서 소개받는 사람의 얼굴을 매우 주의 깊게 관찰하라.
4 얼굴에서 이상하거나 색다른 혹은 독특한 특징을 찾아라.
5 카투니스트(풍자만화가)가 두드러진 특징을 과장하여 표현하는 방식으로 상상력을 발휘해 그 사람의 얼굴을 머릿속에서 다시 그리도록 하라.
6 상상, 과장 그리고 전반적인 기억 원리를 사용해서 그 사람의 이름과 두드러진 특징을 연상결합하라.

이러한 기억 원리 적용을 배우는 가장 **빠르고 쉬운** 방법은 즉시 실행에 옮기는 것이다. 248~251쪽에는 40~41쪽의 얼굴 테스트에서 기억하라고 했던 10명의 얼굴과 이름보다 두 배가 많은 20명의 얼굴과 이름이 실려 있다. 그리고 아래에는 얼굴과 연상결합된 이름을 기억하기 위해 기억 원리를 어떻게 적용하는지 암시하기 위해서 5명을 예로 들었다. 5명의 예를 주의해서 살펴보고 나머지 15명은 가능한 많이 기억해 이 장의 마지막에 제시된 테스트에 스스로 답해보라.

얼굴 기억

만약 248~251쪽에 제시된 20명 얼굴의 이름을 기억하고 싶다면,

얼굴을 자세히 살피면서 설명된 방법을 간단히 적용하고, 상상력을 발휘하여 이름과 연상결합할 수 있는 특징을 찾아 자신의 기억 이미지를 만들어라.

예를 들면 9번의 맵플리(Mapley) 씨는 얼굴의 깊은 주름살 때문에 기억하기 쉽다. 거기다 그의 머리카락은 무늬로 짜여진 레이스와 비슷하다. 따라서 지도(Map)가 맵플리 씨를 생각나게 한다. 12번의 스즈키(Suzuki) 씨는 특별나게 두드러진 눈썹을 갖고 있다. 이 눈썹을 스즈키 오토바이의 화려한 핸들로 상상할 수 있다. 15번의 나이트(Knight) 씨는 길게 늘어뜨린 머리를 갖고 있다. 따라서 그녀가 성의 꼭대기에서 허리를 숙여 머리를 길게 늘어뜨리면 어느 용감한 기사가 그녀를 구출하기 위해 그 치렁치렁한 머리를 잡고 성벽을 기어오르는 장면을 상상할 수 있다. 19번의 번(Burn) 씨는 짧게 깎은 짙은 색의 머리를 갖고 있다. 그의 얼굴은 시골풍이고 머리카락은 모든 초목을 태워버린(burned) 거대한 산불의 결과로 상상할 수 있다. 20번의 하몬드(Hammond) 씨는 전형적인 '금발 미녀'로 보이지만 돼지의 허벅다리, 즉 햄(ham)을 떠올리게 하는 턱 구조를 지니고 있다.

사람을 기억할 때 몸의 다른 부분을 이용할 수도 있다. 만약 어떤 사람을 한 번만 만나고 그 사람의 이름이나 얼굴을 장기 기억으로 저장할 필요가 없는 것이 확실하다면 그 사람이 입고 있는 옷에서 눈에 띄는 것을 기억 이미지로 사용하는 것도 유용하다. 물론 장기 기억으로 저장하는 방법으로는 이 방법이 적합하지 않다. 왜냐하면 그 사람이 다음에 다시 만났을 때도 똑같은 옷을 입고 있을 가능성은 적기 때문이다. 이러한 점은 헤어스타일과 수염에도 똑같이 적용된다.

이제 여러분은 이 장의 마지막에 제시된 얼굴을 보고 빈칸에 해당하는 이름을 적어 이름과 얼굴에 대한 자신의 기억력을 확인해보라.

머리와 얼굴의 특징

1 머리

사람을 처음 만나면 대개 정면으로 마주하게 된다. 그래서 우리는 머리의 특징을 항목별로 나누어 분석하기 전에 머리를 전체로서 생각한다. 뼈 구조로 머리의 전반적인 모양을 살펴보자. 여러분은 머리가 a) 크거나 b) 중간이거나 c) 작은 모양일 수가 있다는 걸 알게 될 것이다. 그리고 이 세 가지 범주 안에서도 다음과 같은 모양이 있다는 걸 알게 될 것이다.

a) 네모진
b) 직사각형의
c) 둥근
d) 계란형의
e) 턱이 밑면이고 머리 가죽이 꼭짓점인 삼각형의
f) 머리 가죽이 밑변이고 턱이 꼭짓점인 삼각형의
g) 넓은
h) 좁은
i) 뼈대가 굵은
j) 뼈대가 가는

비교적 초기의 만남에서 옆에서 사람들을 바라보면 머리 모양이 매우 다양하다는 사실에 놀랄 것이다. 측면에서 바라본 다양한 머리 모양의 예는 다음과 같다.

a) 네모진
b) 직사각형의
c) 계란형의
d) 넓은
e) 좁은
f) 둥근
g) 앞쪽이 평평한
h) 위쪽이 평평한
i) 뒤쪽이 평평한
j) 뒤쪽이 둥근
k) 턱이 튀어나오고 이마가 경사진 얼굴
l) 턱이 들어가고 이마가 튀어나온 얼굴

2 머리카락

헤어스타일이 바뀌지 않고 거의 일정하던 시절에는 머리카락이 지금보다 훨씬 훌륭한 기억 갈고리 역할을 했다. 그러나 그 후 등장한 염색약, 스프레이, 가발과 변화무쌍한 헤어스타일은 이러한 특징으로 사람을 구분하는 것을 아주 어렵게 만들고 있다. 그러나 기본적인 특징 몇 가지를 정리하자면 다음과 같다.

남성의 경우:

a) 숱이 많은

b) 가느다란

c) 웨이브가 있는

d) 직모의

e) 가르마가 있는

f) 듬성듬성한

g) 대머리의

h) 짧게 깎은

i) 길이가 적당한

j) 길이가 긴

k) 곱슬곱슬한

l) 머리 색깔(눈에 띄게 두드러질 경우에만)

여성의 경우:

a) 숱이 많은

b) 숱이 적은

c) 가느다란

여성의 헤어스타일은 너무나 다양하기 때문에 머리카락의 특징으로 그들을 기억하려는 것은 바람직하지 않다.

3 이마

이마는 일반적으로 다음과 같은 범주로 나눌 수 있다.

a) 높은

b) 넓은

c) 눈썹과 머리털이 난 선 사이가 좁은

d) 관자놀이 사이가 좁은

e) 매끄러운

f) 가로로 주름이 진

   g) 세로로 주름이 진

4 눈썹

   a) 진한

   b) 옅은

   c) 긴

   d) 짧은

   e) 눈썹과 눈썹이 중간에서 만나는

   f) 양 눈썹 사이가 떨어진

   g) 일자 모양의

   h) 아치 모양의

   i) 날개 모양의

   j) 무성한

   k) 끝이 가는

5 속눈썹

   a) 진한   d) 짧은

   b) 옅은   e) 곱슬한

   c) 긴   f) 곧은

6 눈

   a) 큰

   b) 작은

c) 튀어나온

  d) 움푹 들어간

  e) 두 눈 사이가 좁은

  f) 두 눈 사이가 넓은

  g) 바깥쪽으로 기울어진

  h) 안쪽으로 기울어진

  i) 색깔이 있는

  j) 홍채 — 완전한 원 모양의

  k) 홍채 — 위아래 눈꺼풀에 일부가 가린

또한 위쪽 눈꺼풀과 눈 아래 처진 살의 크기가 큰지 작은지, 매끈한지 주름이 졌는지, 부풀어 올랐는지 단단한지 등의 몇몇 경우에도 주의한다.

7 코

정면에서 보는 경우:

  a) 큰

  b) 작은

  c) 좁은

  d) 중간 크기의

  e) 넓은

  f) 구부러진

옆에서 보는 경우:

    a) 곧은

    b) 평평한

    c) 뾰족한

    d) 뭉뚝한

    e) 들창코의

    f) 매부리코의

    g) 그리스인처럼 이마에서부터 쭉 뻗은 형태의

    h) 오목하게 파인

또한 코 바닥은 콧구멍과 관련하여 상당히 다양해질 수 있다:

    a) 낮은

    b) 평평한

    c) 약간 높은

그리고 콧구멍 자체 또한 다양하다:

    a) 똑바로 선

    b) 아래쪽으로 구부러진

    c) 나팔 모양으로 벌어진

    d) 넓은

    e) 좁은

    f) 코털이 많은

8 광대뼈

광대뼈는 정면에서 볼 때 얼굴의 특징과 아주 밀접한 연관성이 있다. 다음 세 가지 특징은 주의할 만한 가치가 있다.

    a) 높은

    b) 톡 튀어나온

    c) 별로 눈에 띄지 않는

9 귀

귀는 얼굴 중에서 사람들이 별로 주의를 기울이지 않지만 다른 어떤 특징보다 개개인의 개성이 뚜렷한 부분이다. 귀의 모양은 다음과 같이 분류될 수 있다.

a) 큰	h) 머리에 비해 평평한
b) 작은	i) 튀어나온
c) 울퉁불퉁하고 비틀린	j) 털이 많은
d) 매끈한	k) 귓불이 큰
e) 둥근	l) 귓불이 없는
f) 타원형의	m) 양쪽 크기가 다른
g) 삼각형의	

여자들은 주로 귀가 머리카락에 덮여서 보이지 않는 경우가 많으므로 귀의 이러한 특징을 기억 갈고리로 사용하는 것은 여자보다 남자가 훨씬 더 적합하다.

10 입술

a) 윗입술이 긴
b) 윗입술이 짧은
c) 작은
d) 두꺼운
e) 큰
f) 얇은
g) 위로 뒤집어진
h) 아래로 쳐진
i) 큐피드의 활처럼 생긴
j) 입술선이 뚜렷한
k) 입술선이 분명치 않은

11 턱

정면에서 봤을 때:

a) 긴
b) 짧은
c) 뾰족한
d) 각진
e) 둥근
f) 이중 턱의
g) 갈라진
h) 보조개가 있는

측면에서 봤을 때:

a) 주걱턱인
b) 곧은
c) 이중 턱의
d) 움푹 들어간

12 피부

a) 매끄러운
b) 거친
c) 살결이 검은
d) 살결이 흰
h) 부스럼투성이의
i) 창백한
j) 쭈글쭈글한
k) 주름살이 진

e) 여드름이나 흉터가 있는
f) 지성인
g) 건성인

l) 햇볕에 그을린
m) 기미나 주근깨가 많은

이 밖에도 남성의 얼굴상 특징으로는 짧은 구레나룻에서부터 얼굴을 가릴 정도로 길게 기른 콧수염과 턱수염 등에 이르기까지 다양하다. 모든 종류의 수염을 여기서 나열하는 것은 별 의미가 없다. 이러한 다양한 수염의 형태가 존재한다는 사실은 주목할 만하지만 헤어스타일과 옷차림처럼 수염도 밤새 바뀔 수 있다.

1 모감비(Mogambi) 씨　　2 크노르(Knorr) 씨

3 우드로우(Woodrowe) 씨

4 코코프스키(Kokowski) 씨　　5 볼케인(Volkein) 여사

6 클리프(Cliffe) 씨   7 모매트(Momatt) 씨

8 애쉬톤(Ashton) 씨

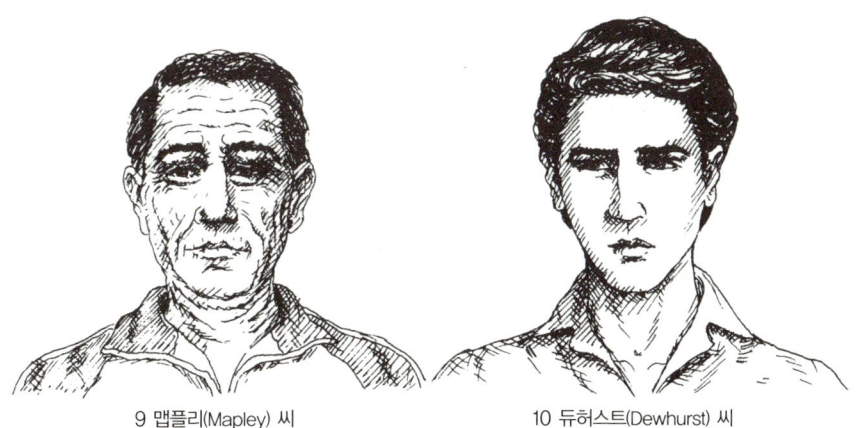

9 맵플리(Mapley) 씨   10 듀허스트(Dewhurst) 씨

11 자바나르디(Jabanardi) 씨

12 스즈키(Suzuki) 씨

13 웰시(Welsh) 씨

14 매키네스(Macinnes) 씨

15 나이트(Knight) 씨

16 파슨스(Parsons) 씨

17 쿡(Cook) 씨

18 퐁(Pong) 씨

19 번(Burn) 씨

20 하몬드(Hammond) 씨

이름과 얼굴을 기억하는 사교 에티켓법과 기억술을 이용한 방법을 어느 정도 익혔다면 앞으로 만날 가능성이 있는 사람들의 이름에 대한 기본적인 이미지 리스트를 마련해두는 것이 매우 유용하다. 기본 이미지 리스트에는 리스트에 기록된 이름의 사람을 만났을 때 그 사람의 얼굴에 나타난 두드러진 특징과 바로 연결시킬 수 있는, 이름에 걸맞은 전형적인 이미지를 간단히 표현하도록 한다. 다음 예는 여러분이 자신의 사교 환경에 맞게 확장하여 사용할 수 있는 이미지 리스트다.

Ashcroft(에시크로프트): 화재로 인해 잿더미(ash)로 뒤덮인 농가의 지붕에서 솟아오르는 연기

Blake(블레이크): B자 모양의 거대한 맑은 호수(lake)

Chalk(초크): 도버 해협에 있는 유명한 백악(白堊: 회백색의 연토질 석회암)의 하얀 단애(chalk란 단어에는 분필이라는 뜻 외에 백악이라는 광물의 뜻을 지니고 있다-옮긴이)

Delaney(델라니): 두 갈래로 크게 나누어진 시골길(lane)

Evans(에반스): 차의 지붕이 알파벳 E가 90도로 기운 모양인 유개화물차(van)

Farren(파렌): 멀리서도(far) 보이는 조그만 굴뚝새(wren)

Goddard(고다드): 냉엄한(hard) 표정을 띤 신(God)

Humphrey(험프리): 감방에서 풀려날 때 행복한 노랫가락을 흥얼거리면서(humming) 기뻐하는 죄수(prisoner)

Ivy(아이비): 담쟁이덩굴(ivy)

King(킹): 기억의 왕

Lawrence(로렌스): 아라비아!

Mercer(머서): 자비(mercy)를 구하는 사람

Nunn(넌): 수녀(nun)

Ovett(오베트): 거대한 O를 흔들고 있는 수의사(veterinary surgeon)

Patterson(패터슨): 자신의 아들(son)이나 친구의 아들이 종종걸음으로 마당을 가로질러 걸을 때 나는 작은 발의 콩닥거리는 소리(pitter-patter)

Quarry(쿼리): 거대하고 강렬한 색채를 띤 드넓은 평야에 있는 채석장(quarry)

Richardson(리차드슨): '부유하지만(rich) 냉정한(hard)' 아버지를 둔 아들(son)

Scott(스코트): 킬트(kilt: 전통적으로 스코틀랜드 남자들이 입던 격자무늬 모직으로 된 짧은 치마)나 해기스(haggis: 양의 내장으로 만든 순대 비슷한 스코틀랜드 음식)처럼 스코틀랜드 사람(Scottish)에겐 일반적인 상징들

Taylor(테일러): 여배우 엘리자베스 테일러(Taylor)

Underwood(언더우드): 오래된 고목처럼 생긴 나무(wood) 아래(under)에 숨겨둔 잊혀지지 않는 사람의 사진

Villars(빌라스): 장엄하게 빛나는 지중해 연안의 하얀 별장(villa)

Wade(웨이드): 물이 넓적다리까지 오는 호수를 걸어서 건너는(wade) 사람이나 동물

Xanthou(산도우): 'Thank you'에 대한 전형적 기억 원리 이미지가 산도우(Xanthou)

Young(영): 봄 이미지

Zimmermann(짐머만): 누군가 물 위로 물수제비 뜨기를 하고 있는(zimming) 모습

사교 에티켓법과 기억술을 이용한 방법, 그리고 자신이 직접 만든 이름/이미지 리스트를 이용한다면 이제 이름과 얼굴을 암기하는 데 대가가 되는 길에 들어선 것이다.

여러분의 능력에 마법의 요소를 하나 더 추가할 수도 있는데, 그것은 나의 인생을 바꾼 하나의 사건으로 요약된다. 그리고 그 사건은 내가 기억이라는 예술과 과학에 관심을 갖게 되는 큰 계기가 되었다. 내가 대학에 입학한 해의 첫날, 첫 수업에 그 사건이 일어났다. 아침 8시 영어 강좌였는데 대학에서의 첫날이라는 흥분조차 우리의 졸음은 쫓지 못하고 있었다. 하지만 교수가 졸음을 싹 가시게 해버렸다. 그는 어떠한 가방도, 필기구도, 노트도, 책도 없이 강의실로 성큼성큼 걸어 들어와서는 학생들 앞에 서서 자신의 이름을 밝히더니 출석을 부르겠다고 했다. 그는 뒷짐 진 채 연단 앞에 서서 알파벳 순서로 학생들의 이름을 부르기 시작했다. '아담스(Adams)?' '알렉산더(Alexander)?' '바로우(Barlow)?' '보시(Bossy)?'… 그가 호명할 때마다 다들 '예' 또는 '여기 있습니다' 라고 중얼거리며 대답했다. 그러나 그가 캠번(Camburn)을 불렀을 때는 아무런 대답이 없었다. 그는 잠시 멈췄다가 다시 불렀다. '배리 캠번(Mr Barry Camburn)?' 여전히 대답이 없었다. 그러자 그는 표정 하나 바뀌지 않고 말했다. '배리 캠번, 주소는 웨스트가 29번지, 전화번호는 272-7376, 생년월일은 1943년 6월 24일생, 아버지 성함은 프랭크(Frank), 어머니 성함은 메리(Mary)' 그가 내뱉는 말에 우리 모두는 놀라서 크게 뜬 눈과 딱 벌어진 입을 다물지 못했다. 교수는 출석을 계속 부르기 시작했고 결석한 학생의 이름에 이를 때마다 그 학생의 세례명, 주소, 전화번호, 생년월일, 부모님 성함을 읊었다.

그 교수는 누가 결석했는지 사전에 알 수 있는 방법이 전혀 없었다. 따라서 그는 학생들 모두의 정보를 몽땅 기억하고 있는 것이 틀림없었다. 그가 출석부에 있는 이름을 모두 불렀을 때 우리 모두는 놀란 채 멍하니 앉아 있기만 했다. 그는 결석한 학생들의 이름을 아주 빠르게 다시 한 번 말하고는 만면에 쓴웃음을 지으며 말했다. "나중에 기록해두겠네."

그는 우리 중 어떤 누구와도 만난 적이 없으면서 우리의 이름과 개인 정보를 완벽한 순서로 기억하고 있었다.

결문

이 책에서 얻은 지식을 사용하여 교수가 어떤 방법을 사용해 묘기를 행했는지 짚어보라. 어떤 방법을 사용했는지 이해했다면 적용하라.

16 _____ 6 _____

12 _____

9 _____ 19 _____

3 _____

8 _____

14 _____

17 _____   7 _____

5 _____ 2 _____

1 _____

20 _____ 13 _____

24장
잊어버린 것
기억해내기

재기억의 비결은 어떤 특정한 것을 기억해내려고 애쓰지 말고 자신의 모든 기억력이 완전히 자유롭게 흐르도록 하는 것이다.

나는 최근에 몇몇 사업 동료들과 함께 느긋하고 즐거운 저녁 식사를 했다. 그들 중 한 명은 어느 교육 및 개발 단체에서 회장으로 선출된 친구였는데 식사가 시작될 무렵 자신이 당한 일을 우리에게 털어놓으며 마음의 짐을 덜고 답답한 마음을 풀어야겠다고 말했다. 알고 봤더니 그는 조금 전 차에 도둑이 들어 자동차 앞 유리가 부서지고 서류 가방이 없어졌다고 한다. 그 서류 가방에는 다이어리뿐만 아니라 다른 많은 중요한 물건이 함께 들어 있었기 때문에 그는 특히 더 속상해했다.

식전 음료로 와인을 마시면서 오르되브르(hors d'oeuvres: 서양 요리에서 주 요리가 나오기 전에 식욕을 증진시키기 위해 먹는 요리를 뜻하는 프랑스어. 영어로는 애피타이저(appetizer), 우리나라에서는 전채(前菜)라고도 한다 – 옮긴이)를 마치자 우리는 그가 우리의 대화에 참여하지 않고 멍한 표정으로 아주 이따금씩 종이 위에 뭔가를 적고 있는 것을 깨달았다. 그러다 마침내 그가 대화에 불쑥 끼어들어 잃어버린 서류 가방 안에 들어 있던 물건들 중에서 4개밖에 기억나지 않아 자신의 밤이 몽땅 날아가고 있다고 푸념했다. 그는 두 시간 안에 경찰서에 사건 경과서를 작성해 신고해야 하는데 물건이 더 많이 들어 있었다는 걸 알면서도 기억하려 애쓸수록 더욱 기억이 나지 않는다고 말했다.

여러분이라면 그가 회상할 수 있는 방법을 제시할 수 있는지 생각해보라.

다행히 우리들 중 몇몇은 기억 원리에 대해 잘 알고 있었기에 다음과 같이 해보았다. 우리는 그에게 기억해낼 수 없는 것에 계속 매달리지 말고 (사실상 그는 기억의 부재에 점점 더 집착하고 있었다.) 그 일이 생기기 직전과 관련된 과거를 상기하도록 했다. 우리는 그가 가방을 가장 마지막으로 열어본 것이 언제였는지 물었다. 그러자 퇴근 직전 사무실에서 마지막으로 가방을 열었다는 것이 밝혀졌고, 그 순간 그는 갑자기 서류 보관함 위에 놓여 있던 두 개의 중요한 잡지 기사를 서류 가방에 안에 넣었던 사실을 기억해냈다. 그러자 우리는 집에서 출근하기 전에 마지막으로 가방을 열어본 것이 언제인지를 물었다. 그 전날 저녁 식사 후라는 것이 밝혀졌고, 그는 다음 날 아침에 챙겨야 할 녹음기와 계산기를 가방 안에 넣었던 사실을 기억해냈다. 마지막으로 우리는 그에게 그의 서류 가방 안의 내부 구조를 설명해보라고 말했다. 그러자 그는 가방의 내부 구조를 자세히 설명하기 시작했고 펜, 연필, 컴퓨터, 편지 그리고 이전까지 까마득히 잊고 있었던 많은 다른 물건을 기억해냈다.

　20분 만에 그의 24시간을 즐겁고 쾌활하게 떠올렸고 이로 인해 찌푸려진 얼굴에는 점차 드넓은 미소가 번졌으며 육체적 안정도 되찾아갔다. 그는 1시간 20분 동안 고통스럽고 불쾌한 시간을 보내고 난 후에야 기억해냈던 4개의 물건에 18개를 더 기억해냈던 것이다.

　그 비결은 기억하고자 애쓰는 것은 모두 잊어버리고 자신이 이용할 수 있는 모든 연상결합이나 연결로 자신이 잊고 있는 것의 주변을 둘러싸는 것이다.(아래 그림을 참조하라) 이렇게 하는 가장 좋은 방법은 자신이 기억하려는 것과 어떤 식으로든 관련되는 모든 경험을 상기하는 것이다. 이 방법은 실제로 모든 경우에서 즉시 효과적이며 기본적으로 '기억나지 않는 것'을 중심 이미지로 하여 내적으로 또는 외적으로 창조된 마인드맵의 형태를 취한다.

　아주 드물게 즉시 기억이 나지 않는 경우가 있는데 그런 경우에는 앞에서 설명했던 방법대로 경험을 상기한 다음에 의식적으로는 기억

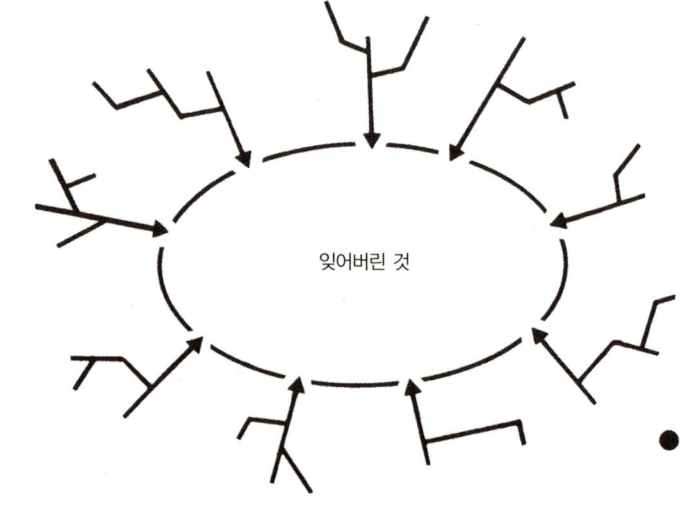

해내려는 것을 잊어버리고 무의식적으로는 기억하도록 두뇌에 지시를 내려라. 이렇게 하면 몇 시간 또는 며칠 내에 회의 중, 운전 중, 샤워 중, 잠잘 준비를 하던 중, 아침에 눈을 뜨던 중, 화장실에서 볼일을 보던 중 등의 상황에 갑자기 이 프로그램이 작동되어 잊어버리고 있던 것이 기억날 것이다.

결문

다른 기억 기법과 마찬가지로 이 기억 기법도 창의력뿐만 아니라 기억의 모든 면을 향상시킨다. 게다가 잊어버린 것이 무엇이든 원하는 기억의 미스터리를 풀어주는 무의식의 셜록 홈즈를 자신의 좌뇌와 우뇌 속에 지니고 있음을 깨달아 특별한 자신감을 부여한다.

25장
공부한 것
기억해내기

여러분은 이제 더 이상 시험을 두려워할 필요가 없다!

- 수평선에 접근할수록 거세지는 폭풍우처럼 시험일이 가까워질수록 점점 불안하게 다가오는 공포를 더 이상 느낄 필요가 없다.
- 시험 전 몇 주 혹은 여러 날 동안 커져만 가는 긴장감으로 생기는 극도의 흥분, 감정의 격발, 발한, 놀람을 더 이상 겪을 필요가 없다.
- 단 1초라도 아끼기 위해서 스트레스를 받으며 더 이상 시험장으로 달려가지 않아도 된다.
- 긴장해서 시험지를 받으면 빨리 읽으려고 서두르게 되어 몇 번이고 반복해서 읽은 후에야 실제로 무엇을 묻고 있는가를 파악하는 상황에 더 이상 빠지지 않아도 된다.
- 머리를 긁적이고 얼굴을 찌푸리면서 자신이 알고 있는 모든 것

을 기억해내려고 미친 듯이 애쓰지만 어떤 이유에서인지 그 순간엔 기억이 나지 않아 두서없이 적어 내려가면서 한 시간이라는 시험 시간 중 15~30분을 더 이상 낭비할 필요가 없다.
- 전반적으로 조직화되지 않은 지식의 수렁에서 본질을 찾아낼 수 없는 좌절을 더 이상 겪지 않아도 된다.
- '출제될까 염려되는 문제'가 시험에 나올지도 모른다는 끔찍한 공포를 더 이상 느낄 필요가 없다.
- 자기 두뇌가 지닌 전체 정보가 머릿속에 그대로 방치되고 있다는 느낌을 더 이상 갖지 않는다.

위에 제시된 공통 시나리오는 그 과목에 대해 아는 것이 거의 없는 학생뿐만 아니라 종종 아는 것이 많은 학생에게도 해당된다. 적어도 나는 대학 시절 그 학년의 다른 모든 학생이 알고 있는 지식보다 사실 더 많이 알고 있으면서 악전고투하고 있는 다른 학생을 개인 지도해주거나 코치해주던 학생을 세 명이나 기억하고 있다. 그런데 이상하게도 평소에는 그렇게 뛰어나던 그 학생들이 시험 때만 되면 실력을 발휘하지 못하는 것이었다. 그들은 시험을 치르는 동안 그들이 지닌 지식을 모두 모을 시간이 부족하다고 늘 불평하곤 했었다. 거기다 그들은 어떤 이유에서인지 결정적인 순간에는 알고 있는 모든 것을 잊어버렸다.

이러한 문제들은 《마인드맵® 두뇌사용법》과 《스피드 리딩 북》에서 설명하고 있는 읽기와 공부를 위한 기법을 사용해서 시험 준비를 하면 모두 극복할 수 있다. 또한 이 책 22장에서 설명하고 있는 바대로 마인드맵 기억 기법을 적용하고 특히 메이저 기억법을 연결 기억법과 연계하여 사용함으로써 모두 극복할 수 있다.

예를 들어 여러분이 시험에 대비하여 공부하는 과목이 심리학이라 가정해보자. 여러분은 최종 시험 전까지 1년 내내 공부하고 노트를 정리하기 때문에 농담을 기억할 때 증명된 것처럼(273쪽 참조) 정보의 모든 하위 범주를 내포하는 카테고리를 의식적으로 계속해서 만들어 갈 것이다.

심리학에서는 이러한 카테고리를 다음과 같이 만들 수 있다.

1 주요 표제
2 주요 이론
3 중요한 실험
4 중요한 강의
5 중요한 책
6 중요한 논문
7 일반적으로 중요한 의견
8 개인적인 통찰, 견해, 이론

메이저 기억법을 사용하여 여러분은 각각의 주요 표제에 해당하는 절(節)을 할당하고 주제에서 뽑은 기억 키 이미지어를 적절한 메이저 기억법이나 기억 키 이미지어에 연결한다.

예컨대 여러분이 30부터 50까지의 숫자를 중요한 심리학적 실험으로 정했다면, 이 숫자 중 다섯 번째 숫자는 비둘기로 하여금 낟알이 주어지는 보상을 얻기 위해 부리로 쪼는 법을 학습하도록 한 행동주의 심리학자 B. F. 스키너(Skinner)가 행한 실험이 된다. 여기서 여러분은 새의 가죽(skin, Skinner를 연상케 하는 단어) 대신에 커다란 갑옷으로 치장하여 전사(戰士)처럼 보이는 거대한 비둘기가 태양을 쪼아 하늘에서 수백만 톤의 곡식이 쏟아지게 만드는 장면을 상상할 수 있다.

이러한 방법을 사용하면 여러분은 공부한 기간 내의 모든 학습 내용을 1부터 100까지의 숫자 안에 담고, 조직적으로 정리되어 잘 이해한 지식을 훌륭한 답안지에 물 흐르듯이 거침없이 전환하는 것이 가능하다는 점을 알게 될 것이다. 예컨대 심리학 시험에서 행동주의 심리학과 관련하여 동기 부여와 학습을 논하라는 문제가 나왔다면 키워드를 문제에서 골라내는 동시에 메이저 기억법 기억 매트릭스에서도 찾아내 문제와 조금이라도 관련 있는 항목을 모두 뽑아내도록 한다. 이렇게 정리한 답안지 첫머리의 일반적인 형식은 다음과 같다.

> '행동주의 심리학과 관련한 동기 부여와 학습'에 관한 문제를 논함에 있어서 나는 다음과 같이 고찰하고자 한다. 심리학의 주요 분야: (빈칸), (빈칸), (빈칸), (빈칸) / 5가지 이론: (빈칸), (빈칸), (빈칸), (빈칸), (빈칸) / 가설 A를 뒷받침하는 3가지 실험 : (빈칸), (빈칸), (빈칸) / 가설 B를 뒷받침하는 2가지 실험: (빈칸), (빈칸) / 가설 C를 뒷받침하는 5가지 실험: (빈칸), (빈칸), (빈칸), (빈칸), (빈칸).
> 위의 사항을 논함에 있어서 다음 자료를 인용하고자 한다. 인용 도서: (빈칸), (빈칸), (빈칸) / 관련 논문: (빈칸), (빈칸), (빈칸), (빈칸), (빈칸), (빈칸). 또한 교수 (빈칸)가 다음과 같은 주제로 강의한 강좌 코스에서도 관련 자료를 인용하고자 한다. 강의 주제 : (빈칸), (빈칸), (빈칸), (빈칸) / 강의 일

자: (빈칸), (빈칸), (빈칸), (빈칸)

마지막으로 결론에서 다음 분야에 대한 나의 통찰과 견해를 덧붙이고자 한다. (빈칸), (빈칸), (빈칸), (빈칸)

여러분도 볼 수 있듯 이 단계에서는 답안지에 서론 부분만 수월하게 진행하고 있을 뿐인데도 이미 좋은 학점은 따 놓은 당상이나 마찬가지다! 기억법에 있어서 어떤 과목에서든 마지막 카테고리는 자신의 창의적이고 독창적인 생각이 가미되어야 한다는 것은 강조할 만한 중요한 가치가 있다. 시험의 결과가 우등 성적이냐 열등 성적이냐의 차이는 바로 이 마지막 카테고리에 의해 결정되는 것이다.

 시험에 대비하여 준비하고, 읽고, 공부하는 방법에 관한 포괄적인 내용은 나의 또 다른 저서 《마인드맵®북》과 《마인드맵® 두뇌사용법》에 실려 있는 '마인드맵 조직적 공부 기술(Mind Map Organic Study Technique(MMOST))'을 읽어보기 바란다.

결문

이 책에 소개된 기억법을 사용하면 시험을 치르는 동안 완벽하게 정보를 기억할 수 있을 뿐만 아니라 두뇌의 창의력을 길러주어 원하는 바대로 완벽한 성적을 거둘 수 있게 해준다.

26장
연설문, 조크, 희곡, 시, 기사, 책 기억해내기

개요

- 연설문 기억하기
- 조크(Jokes) 기억하기
- 희곡과 시 기억하기
- 기사 기억하기
- 책 기억하기
- 마인드맵 암기법
- 시 기억 연습

훌륭한 연설을 하는 비결은 전체 연설문을 한 마디, 한 마디 기억하는 것이 아니라 연설문의 주요 키워드를 기억하는 것이다.

연설문 기억하기

연설문을 기억하는 가장 좋은 방법은 기억할 연설문의 90퍼센트 정도가 완벽하게 기억할 필요가 없다는 점을 깨닫는 것이다. 이러한 사실을 깨달으면 기억 기능을 사용해서 연설문을 쓰고자 하거나 연설을 하려는 사람이 일반적으로 겪는 다음과 같은 주된 문제점들은 바로 해결될 것이다.

1 연설문을 암기하려고 준비하면서 엄청난 시간을 낭비한다. 한 시간짜리 연설을 준비하고 프레젠테이션을 하는 데 걸리는 평균 시간은 총 일주일이다. 여기서 낭비하는 시간은 연설문 초안을 작성하고 몇 번이고 되풀이해서 다시 작성하여 암기하기에 적합하도록 만드는 데 걸리는 시간을 말한다. 낭비하는 나머지 시간은 끊임없이 계속해서 반복함으로써 연설문을 기억 속에 쑤셔 넣으려고 애쓰면서 들이는 시간이다.
2 정신적인 압박감과 스트레스를 야기한다.
3 2번 항목으로 인해 육체적인 스트레스가 생긴다.
4 한 마디, 한 마디씩 암기한 프레젠테이션으로 인해 비교적 과장된 연설을 하기 십상이다.
5 자신이 듣고 있는 연설이 직선식으로 암기되어 딱딱한 데다 자연스럽지 못함을 간파한 즉시 청중들은 지루함을 느끼게 된다.
6 연설자와 청중 모두가 스트레스 분위기에 휩싸이게 된다. 즉, 연설 도중에 무언가를 잊어버려 말문이 막히거나 더듬거리는 끔찍한 일이 일어나면 어쩌나 하는 불안감으로 연설 내내 연설자와 청중이 모두

마음을 졸이게 된다.

7 연설자가 딱딱하게 작성한 연설문을 자꾸 들여다보고 청중 쪽은 바라보지 않기 때문에 연사와 청중 간에 눈맞춤이 결여된다.

여러분이 아래에서 소개하는 간단한 단계를 따라 한다면, 연설문을 준비하고 기억하고 프레젠테이션하는 전 과정은 즐겁고 쉬워질 수 있다.

1 조사 단계

말하고자 하는 화제를 전반적으로 조사하고 그에 대한 생각을 기록하라. 여러분의 생각은 인용문과 참고 자료가 관련성을 입증하도록 준비하라. 그리고 이것은 이 책 22장에서 기본적으로 설명하고 《마인드맵® 북》과 《마인드맵® 두뇌사용법》에서 심도 있게 설명한 마인드맵 형식으로 작성해야 한다.

2 마인드맵 - 기본 구조 단계

기본 조사 단계를 마쳤으면 자리에 앉아서 마인드맵을 사용하여 프레젠테이션의 기본 구조를 설계하라.

3 마인드맵 - 전체 연설문 단계

여러분 앞에 놓인 기본 구조에 앞 단계에서처럼 마인드맵 형식으로 중요한 세부 사항을 채워 넣어라. 그래서 좌뇌와 우뇌 기능을 모두 활용하고 연상결합과 이미지로 가득 찬 마인드맵 기억 노트로 전체 연설문을 완성하라. 대체로 이 연설문은 100개가 넘지 않는 단어로 이루어질 것이다.

4 연습 단계

이렇게 완성된 마인드맵 연설문으로 연설하는 연습을 하라. 연습을 할수록 자신이 연설문으로 발표하고 싶은 최종 순서가 점차 명확해지는 것을 깨달을 것이다. 이때 여러분은 자신의 연설에서 주요 부분과 소제목에 적절하게 번호를 매길 수도 있다. 또한 연설문의 구조에 대한 조사와 생각을 이러한 방법으로 완성하는 과정에서 연설문의 대부분을 이미 자동적으로 기억하게 된다는 점을 깨달을 것이다. 물론 처음에는 머뭇거리거나 빠뜨리는 요소도 있겠지만 약간의 연습만 하면 연설의 처음부터 끝까지 기억할 뿐만 아니라 대부분의 연설자보다 훨씬 깊이 있는 수준으로 자신의 연설에 관해 실질적인 연상 결합, 연관성 그리고 보다 깊은 구조를 알게 될 것이다. 바꾸어 말하면 자신이 무엇에 관해 말하고 있는지를 정말로 알게 된다. 이 점은 특히나 중요하다. 왜냐하면 마침내 청중들 앞에서 연설을 할 때 연설 내용의 순서를 잊어버리지 않을까 하는 두려움이 없어진다는 것을 의미하기 때문이다. 여러분은 미리 정해져 있는 문장 구조대로 딱딱하게 이어지는 틀 안에 빠지지 않고 순간순간 적절한 어휘를 사용하면서 말해야 할 내용을 부드러우면서도 간단하게 말하게 될 것이다. 그래서 창의적이고 열정적인 연설자가 될 것이다.

프레젠테이션 기술을 충분히 탐구하는 독자를 위한 뛰어난 프레젠테이션 관련 도서로는 마이클 J. 겔브(Michael J. Gelb)의 《프리젠트 유어셀프(Present Yourself)》가 있다! 이 책에서 겔브는 자신의 모든 이론과 방법을 《마인드맵® 두뇌사용법》과 《마인드맵® 암기법》에서 소개한 원리와 정보를 바탕으로 집필하였다.

5 걸이못 기억법 단계

안전한 예비 기억법으로서 여러분은 기본적인 걸이못 기억법 중 하나를 언제든 사용할 수 있다. 연설문을 완전히 요약하는 10개나 20개 혹은 30개의 키워드를 선택하라. 그러고 나서 기억 원리를 사용해 연설문 키워드를 걸이못 기억법에 연결시켜라. 이렇게 하면 연설 도중 잠시 길을 잃고 헤매더라도 즉시 자기 길을 찾을 수 있다. 연설 중에 일어날 수 있는 약간의 침묵도 걱정할 필요가 없다. 연설자 스스로가 무엇에 대해 말하고 있는지 알고 있다고 청중이 느끼면 잠깐의 침묵은 오히려 긍정적 반응을 이끌어낼 수 있다. 청중에게 그러한 침묵은 연설자가 연단에서 실제로는 생각하고 있고 무언가를 창조하고 있다고 확신하게 만들기 때문이다.

이것은 그 프레젠테이션을 훨씬 덜 형식적이면서도 더욱 인간적이고 자연스럽게 만들어주기 때문에 청중에게 듣는 즐거움을 더해준다. 실제로 몇몇 위대한 연설자는 잠시 멈추는 것을 기술의 하나로 사용하여 '사고하는 침묵'을 최대한 활용하고 있다.

아주 드물게 연설문의 문장 하나하나를 외워야 할 때가 있는데 이럴 때는 연설에 관해 지금까지 논의되었던 모든 것을 적용하고 이 장의 '희곡과 시 기억하기'에서 설명하는 기법으로 마무리하면 쉽게 해결할 수 있다.

조크 기억하기

조크를 기억해서 말하는 것과 관련하여 생기는 어려움과 당혹감은 거의 끝이 없다. 최근 직장인과 학생을 대상으로 조사한 연구에 따르면 질문을 받은 수천 명의 사람 중 거의 80퍼센트가 스스로 조크를 잘 못한다고 생각하고 있었고 모두 조크를 잘 하는 사람이 되고 싶어 했다. 그리고 그들 모두는 조크를 잘 못하게 하는 주요 장애물로 기억력을 꼽았다. 그러나 사실 조크를 기억하는 것은 연설문을 기억하는 것보다 훨씬 쉽다. 조크를 기억하는 과정에서 일어나는 모든 창의적 측면은 이미 우리 모두가 해오던 것이기 때문이다. 조크를 기억하는 방법은 두 가지로 나눌 수 있다. 즉, 첫 번째 단계는 기본적인 그리드로 범주화하여 조크의 주요 요소를 포착하고, 두 번째 단계는 주요 요소의 상세 내용을 기억한다.

좀 더 구체적으로 설명하자면, 첫 번째 단계는 자신이 정리 보관하고 싶은 조크를 체계적으로 저장할 하나의 영구적인 도서관으로 메이저 기억법의 일부를 사용하여 쉽게 해결한다. 우선 말하고 싶은 조크의 종류를 일반적인 카테고리로 분류하라. 예를 들면 다음과 같다.

동물 조크
'지적' 조크
아이들의 조크
국가별 조크(아일랜드, 일본 등)
운율을 지닌 조크
'속담' 조크

성적인 조크

스포츠 조크

화장실 조크

　이 카테고리를 선호하는 번호순으로 나열하고 자신의 메이저 기억법을 해당 카테고리별로 적용하라. 예컨대 성적인 조크에 해당하는 숫자를 1~10 혹은 1~20까지로 정하고 국가별 조크에 해당하는 숫자를 10~20 혹은 20~40까지로 정하는 식이다.

　두 번째 단계 역시 첫 번째 단계와 마찬가지로 다루기가 쉽다. 다시 한 번 연결 기억법을 사용하는 것이다. 술집에 들어가서 생맥주 한 잔을 시킨 남자에 대한 조크를 예로 들어보자. 맥주를 받아들었을 때 갑자기 그 남자는 술집 밖에서 시급한 전화를 해야 한다는 것을 깨달았다. 하지만 그가 자리를 비운 사이에 그 술집 안에 있는 사람들 중 누군가가 자신의 맥주를 벌컥 마셔버릴 수도 있다는 생각이 들었다. 그래서 그는 그런 일이 생기지 않도록 '나는 가라데 세계 챔피언이야'라는 문구를 써서 생맥주잔에 붙여놓았다. 그러고 나서 그는 안심하면서 전화를 하러 술집 밖으로 나갔다. 하지만 전화를 마치고 돌아왔을 때 그는 자신의 맥주잔이 텅 비어 있는 걸 보게 되었다. 거기엔 자신이 붙여놓은 문구 대신 다른 문구가 붙어 있었다. '맥주 고맙네. 세상에서 가장 발이 빠른 사나이가!'

　조크를 기억하기 위해서는 의식적으로 조크에서 주요 키워드를 뽑아 기본적인 이야기 형식으로 연결하도록 한다. 위의 조크 전체에서 여러분에게 필요한 것은 기억 키워드 '맥주' '전화' '가라데 챔피언' '가장 발이 빠른 사나이'다.

자신의 기억을 완전히 마무리하기 위해서는 첫 번째 키워드를 메이저 기억법의 적절한 키워드와 상상으로 연결하고 연결 기억법을 사용하여 나머지 세 개의 기억 키워드를 연결시키도록 한다. 이 방법을 사용하면 두 가지 장점이 있다. 첫째, 기억하고자 하는 조크가 무엇이든 명확하게 분류하여 기억할 수 있다. 둘째, 조크 그 자체를 기억할 때 우뇌를 주로 사용하면 훨씬 더 창의적이고 상상력이 풍부하게 조크를 하게 된다. 따라서 조크를 하는 사람들이 대체로 겪는 두 번째 어려움이라 할 수 있는, 좌뇌로 주로 기억하여 너무 딱딱하고 직선식이 되어버려 듣는 사람을 지루하게 만드는 문제점을 해결할 수가 있다.

희곡과 시 기억하기

대학생이나 어린 학생 그리고 전문 배우나 아마추어 배우에게 가장 골치 아픈 일은 희곡과 시를 외우는 일일 것이다. 흔히 추천하고 사용하는 방법이라고 해봤자 한 줄 한 줄 반복해서 외워질 때까지 계속 읽는 것이 고작이다. 한 줄을 다 읽었으면 그 다음 줄을 읽고, 그 다음 줄을 다 읽었으면 두 줄을 함께 읽고, 그런 다음 그 다음 줄을 읽고 나면 또 같은 방식으로 계속 읽어나가서 처음 읽었던 내용을 잊어버릴 때까지 지겹도록 한 줄씩 읽는다.

기억 원리를 바탕으로 하는 방법과 유명한 배우들이 성공적으로 사용하는 방법은 이와는 정반대다. 기억해야 할 희곡과 시를 한 번 읽고 나서 빠른 시간 내에 다시 읽는다.(《스피드 리딩 북》 참고) 그리고 나서 4일 동안에 걸쳐서 대략 하루에 5번에서 10번씩 이해하면서 읽는다. 이런 식으로 계속해서 이해하면서 읽으면 그냥 20번 읽었을 때보다 훨씬 내용을 잘 알게 된다. 그래서 텍스트를 보지 않고 기억해야 할 내용의 대부분을 회상할 수 있게 된다. 특히 이해를 돕기 위해 우뇌의 상상력을 사용한다면 여러분의 두뇌는 사실상 정보의 90퍼센트를 흡수하게 될 것이다. 기억한다는 것은 상상력과 연상결합이라는 도구를 사용한 적절한 읽기와 기본적인 이해의 자연스러운 산물이다.

　이러한 방법은 한 줄씩 반복해서 읽는 방법보다 훨씬 더 성공적인데, 여기다 기억 키워드와 연결 기억법을 다시 한 번 사용하면 기억의 성과는 더욱 좋아질 수 있다. 예를 들어 기억해야 할 내용이 시(詩)라면 소수의 키워드는 남아 있는 단어 간격을 여러분의 두뇌가 채우도록 도와줄 것이다. 기억해야 할 내용이 만약 대본이라면 다시 한 번 키 이미지어와 연결 기억법이 중요하다는 걸 증명해준다. 긴 대사를 기본 단위로 다시 나누면 키워드로 서로 연결하여 맞추기가 쉽고, 만약 다른 연기자가 하는 앞 대사의 마지막 단어와 이어서 자신이 하는 대사의 첫 단어 사이에 존재하는 갑작스러운 비약을 풍부한 상상력으로 쉽게 기억한다면 화자에서 화자로 넘어가는 큐 신호는 훨씬 더 효과적으로 사용될 수 있다. 무대 위에서 종종 대혼란을 초래하는 것은 바로 이러한 기억 기법 사용의 부재이다. 특히 배우가 대사의 마지막 단어나 첫 단어를 잊어버릴 때 일어나는 긴 침묵과 대사의 끊김이 그러하다. 배우들은 자신이 출연하고 있는 연극 공연에 기억 원리를 적용함으로써 50퍼센트나 시간을 절약할 수 있다. 그래서 스트레스가 현저하게 줄고 즐거움과 효율성은 높아진다.

기사 기억하기

단기간 혹은 장기간에 걸쳐서 기사의 내용을 기억해야 할 필요가 있을 것이다. 이때 기억하는 방법은 각각 다르다. 만약 회의에 참석해서 최근에 읽은 한 편의 기사를 요약 발표해야 한다면 여러분은 그 기사를 거의 완벽하게 기억할 수 있으면서 동시에 언급하고 있는 기사의 쪽수까지 기억함으로써 듣고 있는 사람을 놀라게 할 수 있다. 방법은 간단하다. 기사의 각 쪽수에서 하나, 둘 혹은 세 개의 기억 키 이미지어를 선택하여 걸이못 기억법 중 하나에 연결한다. 각 쪽마다 키 이미지어가 단 하나만 있을 경우 자신의 걸이못 기억법에서 키 이미지어 숫자는 5이고 여러분은 그 기사의 5쪽을 언급하고 있음을 알게 될 것이다. 반면에 쪽마다 키 이미지어가 2개인 경우 기억 단어는 7이고 여러분은 4쪽 상단을 언급하고 있음을 알게 될 것이다.

장기간에 걸쳐 기사를 기억하기 위해서는 각 쪽에서 2~3개 이상의 키 이미지어를 선택하고 11장에서 설명된 복습 프로그램과 함께 보다 영구적인 걸이못 기억법을 사용해야 할 필요가 있다.

책 기억하기

책 전체를 자세하게 기억하는 것도 가능하다! 기사를 기억하는 기억 기법을 자신이 기억하고자 하는 책의 각 쪽에 적용하면 간단하다. 메이저 기억법과 연결 기억법을 결합하여 사용하면 쉽게 기억된다. 1쪽에서 하나, 둘 혹은 세 개의 기억 키 이미지어를 선택해서 숫자 1에 해당하는 자신의 메이저 기억법 기억어 D,day와 창의적으로 연결하라. 2쪽에서도 하나, 둘 혹은 세 개의 기억 키 이미지어를 선택해서 숫자 2에 해당하는 자신의 메이저 기억법 기억 키워드 Noah와 창의적으로 연결하라. 이렇게 계속해서 300쪽 분량의 책을 각 쪽의 기본적인 내용뿐만 아니라 원한다면 각 쪽의 각 부분별 내용까지도 기억하는 것이 가능하다.

마인드맵 암기법

책, 기사, 희곡, 시를 기억하는 특히 효과적인 또 하나의 방법은 마인드맵으로 기억하는 방법이다. 외우려는 자료의 각 장(chapter) 또는 부(section)가 마인드맵의 가지가 될 수 있다. 이것을 이미지와 색상으로 표현하면 두뇌는 이미지와 색상 그리고 마인드맵의 각 가지별 위치까지도 기억할 것이다. 마인드맵은 두뇌의 모든 기능을 사용하기 때문에 전체와 특정 부분 모두를 기억할 가능성이 급격히 커진다. 마찬가지로 무엇인가 잊어버린다 하더라도 마인드맵상의 모든 주위 정보가 잠시 잊어버렸던 그 정보를 갑자기 불러낼 가능성 또한 급격히 커진다.

27장
꿈
기억해내기

꿈을 기억하는 일반적인 능력은 개인마다 엄청난 차이가 있다. 하지만 지금까지 배운 기억 원리를 적용하면 모두가 무의식의 세계를 엿볼 수 있다.

일부 사람들은 자신이 꿈을 꾸지 않는 것으로 굳게 믿을 정도로 꿈을 잘 기억하지 못한다. 하지만 사실은 꿈을 꾸지 않는 것이 아니다. 왜냐하면 지난 20여 년 동안의 연구 결과가 사람은 누구나 밤 동안 내내 규칙적으로 꿈을 꾼다는 사실을 보여주고 있기 때문이다. 이러한 사실은 급속 안구 운동(Rapid Eye Movemenst(REM): 수면 중에 안구가 급속히 움직이는 현상을 말하는 것으로 이 때 꿈을 꾸는 일이 많다-옮긴이)에 의해 입증되었다. 수면 상태에서 눈꺼풀은 마치 몸 내부에서 상상의 이야기를 보고 움직이는 것처럼 깜박이고 떨리고 이따금 몸 전체가 씰룩거리기도 한다. 만일 여러분이 고양이나 개를 기른다면 그 애완동물이 자는 동안 이와 비슷한 움직임을 관찰할 수 있다. 대부분의

고등 포유동물은 꿈을 꾸기 때문이다.

　꿈을 기억하는 첫 번째 단계는 꿈 자체를 실제로 복구하는 것이다. 이것은 잠들기 직전에 마음을 정함으로써 이룰 수 있다. 잠이 들려고 할 무렵 부드러우면서도 단호하게 '나는 꿈을 기억해낼거야, 나는 꿈을 기억해낼거야, 나는 꿈을 기억해낼거야'라고 스스로에게 말하라. 이렇게 하면 잠에서 깼을 때 꿈을 회상할 우선권을 두뇌에게 부여하는 프로그램이 된다. 처음 꿈을 잡아내기까지 대략 3주 정도가 걸리지만 그 과정은 효과가 확실하다.

　일단 꿈을 감지했으면 꿈을 기억하는 두 번째 단계로 들어간다. 이것은 신중을 요하는 위험한 순간이다. 왜냐하면 실제로 꿈을 감지했다는 사실에 너무 흥분하면 그 꿈을 놓쳐버리기 때문이다. 이러한 기억의 특징 때문에 여러분의 두뇌는 잠시 동안 흥분하지 않은 상태를 유지해야 할 필요가 있다. 그래서 여러분은 꿈의 주요 요소들을 천천히 회상하면서 거의 명상 수준의 평정을 유지하는 법을 배워야 한다. 그리고 나서 여러분은 꿈에서 중요한 키 이미지 2~3개를 아주 천천히 고르고, 기억 원리를 이용하면서 이것들을 기본적인 걸이못 기억법 중 하나에 연결시킨다.

　예를 들어 여러분이 북극에서 부빙(浮氷: 극 지역 바다에 떠다니는 얼음덩어리) 위에 서 있는 에스키모가 된 꿈을 꾸었다고 상상해보자. 꿈에서 여러분은 거대한 펠트펜으로 북극의 하늘에 도움을 요청하는 메시지를 쓰고 있고, 메시지의 형형색색 단어는 마치 북극 오로라처럼 보였다. 여러분은 어떤 하나의 걸이못 기억법에서 두 개의 항목만 뽑아내면 된다. 알파벳 기억법을 예로 들면 여러분이 서 있는 큰 부빙 위에는 몸집이 엄청나게 크고 털이 많은 한 마리 '원숭이(ape)'가 여러분과 함께 극한의 추위에 몸을 떨면서 따뜻해지려고 자신의 가슴을 치고 있다. 그리고 엄청나게 큰 '벌(bee)' 한 마리가 윙윙거리면서 여러분이 하늘에 쓰고 있는 형형색색 이미지의 겉과 속을 분주하게 돌아다니고 있다고 상상하라(〈컬러 도판 4〉 참조). 9장에서 제시한 글자 A에 해당하는 알파벳 기억법 이미지어는 'ace(에이스)'였지만, 여기서는 자신이 선택해서 사용할 수 있다.

이런 식으로 키워드로 표현되는 자신의 주요 기억 이미지에 주요 꿈 이미지를 붙이면 잠잘 때와 깨어날 때 그리고 완전히 깨어났을 때의 서로 다른 뇌파 상태를 쉽게 연결시킬 수 있으므로 무의식적인 생활 중에서 중요하고 아주 유익한 부분을 기억해낼 수 있다.

자신의 꿈을 기억하기 시작한 사람들에게 행한 수많은 연구를 살펴보면 수개월의 기간에 걸쳐 그들은 더욱 평온하고, 자극받고, 화려하고, 생기 있고, 유머러스하고, 상상력이 풍부하고, 창의적으로 변했으며 기억력도 훨씬 향상되었음을 알 수 있다. 이 모든 것이 놀라운 일은 아니다. 왜냐하면 우리의 무의식적인 꿈의 세계는 오른쪽 뇌가 뛰어놀 수 있는 불변의 운동장이고, 모든 기억 원리들이 여기서 완벽하게 실습되는 곳이기 때문이다. 의식적으로 이러한 기억 원리와 접촉하면 연관된 모든 능력이 자동적으로 향상된다.

많은 사람이 그렇듯이 여러분도 이러한 자기 탐구와 자기계발 분야에 관심을 가지게 된다면 기억 키워드와 기억 키 이미지로 표현하는 마인드맵 형식으로 꿈 일기를 쓰면 매우 큰 도움이 된다(22장 참조). 이러한 꿈 일기는 위에서 언급한 모든 기술을 끊임없이 연습하게 하고 전반적인 자기계발에서 점점 유용한 도구가 될 것이다. 약간의 연습 후에 여러분은 이전에는 탐구하지 못했던 수준의 문학과 예술을 감상하고 창조해내는 자신을 깨닫게 될 것이다.

 에드가 앨런 포우(Edgar Allan Poe)는 처음으로 꿈을 기억해낸 다음 악몽 같은 꿈을 사용해 자신의 단편 공포 소설의 토대로 삼았다. 이와 비슷하게 초현실주의 화가인 살바도르 달리(Salvador Dali)는 자신의 작품 중 많은 것이 자신이 꾼 꿈의 이미지를 완벽하게 기억해낸 복제품이라고 공공연하게 말했다.

기억 기술의 개발은 이전보다 더 많은 것을 기억할 수 있는 이점을 줄 뿐만 아니라 두뇌의 좌반구와 우반구 전체를 개발하게 만든다는 사실이 분명해졌다. 이것은 기억 능력을 전반적으로 확장하고 창조할 수 있는 능력을 길러 결과적으로 예술과 과학을 통찰하는 능력을 싹틔운다. 또한 자기 자신과 지식의 대부분을 더욱 쉽게 이해할 수 있게 하며 창의력과 지식의 보고(寶庫)에 창의적으로 공헌하게 해준다.

28장
미래를 위한 기억법

기억력을 향상시키는 연습

1. 기본적인 기억 저장 능력을 향상시키기 위해 새로운 학과목과 새로운 언어를 학습하는 프로그램을 시작하라.
2. 기억하는 데 도움이 된다고 생각하는 활동은 무엇이든지 적극적으로 하라.
3. 자신이 꾼 꿈에 주의를 기울이고, 이전에 잊어버렸다고 생각했던 기억 이미지를 신중하게 확인하라.
4. 가끔씩 과거로 돌아가서 그 시절에 겪었던 인생의 모든 요소를 되새겨보라.
5. 키워드, 그림, 색상을 사용하는 마인드맵을 사용하여 일기를 쓰도록 하라.
6. 재미 삼아, 운동으로, 기억하고자 할 때 각각 그에 걸맞은 특별

한 기억법을 사용하라.
7. 초기 효과와 최근 효과가 극대화되고, 학습 기간의 중간에 일어나는 회상력의 저하가 최소화되도록 학습 시간을 편성하라.
8. 기억하려는 것에 관한 기억력이 떨어지기 바로 직전에 복습이 이루어지도록 하라.
9. 훨씬 쉽게 기억하도록 만드는 이미지와 색상을 여러분에게 공급해주는 오른쪽 두뇌를 적극 활용하라.
10. 가능하면 사물을 자세히 보고 느끼도록 하라. 세부적인 사항을 많이 알수록 회상도도 높아진다.

이와 같이 한다면, 그리고 규칙적으로 기억에 관한 책을 찾아보고, 적절한 장소에서 메모하고, 복습 일정을 짜고, 다른 사람에게 불시 점검을 해달라고 요청함으로써 기억에 지속적으로 관심을 쏟는다면 여러분의 두뇌와 기억력은 점점 향상되는 삶을 보장해줄 것이다.

맺음말

여러분은 이제 《마인드맵® 암기법》을 모두 읽었다. 이로써 여러분의 남은 인생 동안 사용할 두뇌라는 거대한 엔진을 작동하기 시작한 것이다.

기억의 토대와 원리를 이용할수록 기억력은 강력해진다. 기억력이 강해지면 강해질수록 창의력은 쑥쑥 자란다. 기억력과 창의력이 높아질수록 감각은 더욱 예민하게 연마된다.

그러므로 여러분은 꿈을 기억할 수 있을 뿐만 아니라 그 꿈을 실현할 수 있게 해주는 개인의 성장과 발전이라는 긍정적 소용돌이를 일으키기 시작했다. 《마인드맵® 암기법》에서 설명한 기억 원리를 자신에게 적용하면 여러분의 능력은 놀라울 정도로 커진다. 나는 여러분이 기억소(뇌와 신경계 정보의 최소 단위를 뜻하는 말이지만 토니 부잔은 유즈 유어헤드 클럽의 회원을 세분화하여 구성하는 기본 단위로 이 용어를 사용하고 있다-옮긴이)의 회원으로써 세계기억력대회와 같은 자신의 기억력을 드러내는 행사에 참가하는 것을 보길 기대한다.

현재 부잔센터를 통해 강좌, 출판물, 세미나 등의 정보를 접하는 사람들의 수가 증가하고 있는데 부잔센터의 모든 정보는 자기계발 목표를 이루는 데 큰 도움이 될 것이다.

여러분의 멋지고 소중한 기억을 위하여!

감사의 글

이 책을 출간하는 데 도움을 준 많은 분들의 수고와 협력에 감사드린다.

지타 앨베스(Zita Albes), 제니 앨런(Jennie Allen), 아스트리드 안데르센(Astrid Andersen), 지니 비티(Jeannie Beattie), 닉 베이츠(Nick Beytes), 마크 브라운(Mark Brown), 조이 버터리(Joy Buttery), 나의 동생 배리 부잔(Barry Buzan), 버나드 치브널(Bernard Chibnall), 테사 클라크(Tessa clark), 캐럴 코커(Carol Coaker), 스티브와 패니 콜링(Steve and Fanny Colling), 수전 크록퍼드(Suzan Crockford), 트리시아 데이트(Tricia Date), 자넷 도미니(Janet Dominey), 찰스 엘턴(Charles Elton), 제니스 잉글리시(Janice English), 로레인 질(lorraine Gill), 빌 헤리스(Bill Harris), 브리안 헬베그-라르센(Brian Helweg-Larsen), 토머스 얄로프(Thomas Jarlov), 트리시 릴리스(Trish Lillis), 헤르미온 로벨(Hermione Lovell), 아네트 맥기(Annette McGee), 조 맥마흔(Joe McMahon), 반다 노스(Vanda North), 도미니크 오브라이언(Dominic O'Brien), 칼리드 란자(Khalid Ranjah), 펩 리프(Pep Reiff), 오리올 로베르(Auriol Roberts), 이안 로젠블룸(Ian Rosenbloom), 카이트리나 니 슈일리브헤인(Caitrina Ni Shuilleabhain), 로버트 밀라드 스미스(Robert Millard Smith), 크리스와 패트 스티븐스(Chris and Pat Stevens), 얀 슈트라이트(Jan Streit), 크리스토퍼 태텀(Christopher Tatham), 리 테일러(Lee Taylor), 낸시 토머스(Nancy Thomas), 슈 보댕(Sue Vaudin), 짐 워드(Jim Ward), 빌 와츠(Bill Watts), 질리언 와츠(Gillian Watts), 수전 휘팅(Susan Whiting), 필리다 윌슨(Phyllida Wilson).

참고 문헌

Aiken, E. G., Thomas, G. S., and **Shennum, W. A.** "Memory for a lecture: Effects of notes, lecture rate, and information density." *Journal of Educational Psychology* **67** (3), 439~44, 1975.

Anderson, J. R. *Cognitive Psychology and Its Implications.* Second edition. New York: W. H. Freeman & Co., 1985.

Anderson, J. R. "Retrieval of propositional information from long-term memory." *Cognitive Psychology* **6**, 451~474. 1974.

Anokhin, P. K. "The Forming of Natural and Artificial Intelligence." *Impact of Science on Society*, Vol. XXIII **3**, 1973.

Ashcraft, M. H. *Human memory and cognition.* Glenview, Illinois: Scott, Foresman & Co., 1989.

Atkinson, Richard C., and **Shiffrin, Richard M.** "The Control of Short-term Memory." *Scientific American*, August 1971.

Baddeley, Alan D. *The Psychology of Memory.* New York: Harper & Row, 1976.

Bever, T., and **Chiarello, R.** "Cerebral dominance in musicians and non-musicians." *Science* **185**, 137~139. 1974.

Bloch, Michael. "Improving Mental Performance" biographical notes. Los Angeles: Tel/Syn, 1990.

Borges, Jorge Luis. *Fictions* (especially "Funes, the Memorious"). London: J. Calder, 1985.

Bourne, L. E., Jr., Dominowski, R. L., Loftus, E. F., and **Healy, A. F.** *Cognitive Processes.* Englewood Cliffs, NJ: Prentice-Hall Inc., 1986.

Bower, G. H., and **Hilgard, E. R.** *Theories of Learning.* Englewood Cliffs, NJ: Prentice-Hall Inc., 1981.

Bower, G. H., Clark, M. C., Lesgold, A. M., and **Winzenz, D.** "Hierarchical retrieval schemes in recall of categorized word lists." *Journal of Verbal Learning and*

Verbal Behavior **8**, 323~343, 1969.

Breznitz, Z. "Reducing the gap in reading performance between Israeli lower- and middle-class first-grade pupils." *Journal of Psychology* **121** (5), 491~501, 1988.

Brown, Mark. *Memory Matters.* Newton Abbot: David & Charles, 1977.

Brown, R., and **McNeil, D.** "The 'Tip-of-the-Tongue' Phenomenon." *Journal of Verbal Learning and Verbal Behavior* **5**, 325~337.

Bugelski, B. R., Kidd, E., and **Segman, J.** "Image as a madiator in one-trial paired-associate learning." *Journal of Experimental Psychology* **76**, 69~73, 1968.

Buzan, Tony. The Mind Set: *Use Your Head, Master Your Memory, The Mind Map Book and The Speed Reading Book.* All London: BBC Worldwide, 2000.

Buzan, Tony. W H *Smith GCSE Revision Guides* (60).

Buzan, Tony. *Head First, The Power of Creative Intelligence, The Power of Spiritual Intelligence, The Power of Social Intelligence, The Power of Verbal Intelligence, Head Strong, How to Mind Map.* All London: Harper Collins, 2002.

Carew, T. J., Hawkins, R. D., and **Kandel, E. R.** "Differential classical conditioning of a defensive withdrawal reflex in Aplysia Califonica." *Science* **219**, 397~400, 1983.

Catron, R. M., and **Wingenbach, N.** "Developing the potential of the gifted reader." *Theory into Practice*, **25** (2), 134~140, 1986.

Cooper, L. A., and **Shepard, R. N.** "Chronometric studies of the rotation of mental images." In Chase, W. G. (Ed.) *Visual Information Processing.* New York: Academic Press, 1973.

Daehler, M. W., and **Bukatko, D.** *Cognitive Development.* New York: Alfred A. Knopf, 1985.

Domjan, M. and **Burkhard, B.** *The Principles of Learning and Behavior.* Monterey, Cal.: Brooks/Cole Publishing Co., 1982.

Dryden, Gordon and **Vos, Jeanette** (Ed.) *The Learning Revolution.* Sacramento, Cal.: Jalmar Press, 1993.

Edwards, B. *Drawing on the Right Side of the Brain.* Los Angeles: J. P. Tarcher, 1979.

Eich, J., Weingartner, H., Stillman, R. C., and **Gillin, J. C.** "State-dependent accessibility of retrieval cues in the retention of a categorized list." *Journal of Verbal Learning and Verbal Behaviour* **14**, 408~417, 1975.

Erickson, T. C. "Spread of epileptic discharge." *Archives of Neurology and Psychiatry* **43**, 429~452, 1940.

Fantino, E., and **Logan, C. A.** *The Experimental Analysis of Behavior: A Biological Perspective.* San Francisco: W. H. Freeman & Co., 1979.

Frase, L. T., and **Schwartz, B. J.** "Effect of question production and answering on prose recall." *Journal of Educational Psychology* **67** (5), 628~635, 1975.

Freidman, A., and **Polson, M.** "Hemispheres as independent resource systems: Limited-capacity processing and cerebral specialisation." *Journal of Experimental Psychology: Human Perception and Performance* **7**, 1031~1058, 1981.

Gawain, S. *Creative Visualization.* Toronto: Bantam Books, 1978.

Gazzaniga, M. "Right hemisphere language following brain bisection: A 20-year perspective." *American Psychologist* **38** (5), 525~537. 1983.

Gazzaniga, M. *Mind Matters.* Boston: Houghton Mifflin Co., 1988.

Gazzaniga, M. *The Social Brain.* New York: Basic Books Inc., 1985.

Gazzaniga, M. and **DeDoux, J. E.** *The Integrated Mind.* New York: Plenum Press, 1978.

Gelb, Michael J. *How to Think Like Leonardo da Vinci.* New York: Delacorte Press, 1998.

Gelb, Michael J., and **Buzan, Tony.** *Lessons from the Art of Juggling.* New York: Harmony Books, 1994.

Glass, A. L., and **Holyoak, K. J.** *Cognition.* New York: Random House, 1986.

Godden, D. R., and **Baddeley, A. D.** "Context-dependent memory in two natural environments: On land and under water." *British Journal of Psychology* **66**, 325~331, 1975.

Good, T. L., and **Brophy, J. E.** *Educational Psychology.* New York: Holt, Rinehart and Winston, 1980.

Greene, R. L. "A common basis for recency effects in immediate and delayed recall." *Journal of Experimental Psychology: Learning, Memory and Cognition* **12** (3), 413~418, 1986.

Greenfield, Susan. *Brainpower: Working Out the Human.* Element Books, 2000.

Greenfield, Susan. *Human Brain: A Guided Tour.* London: Phoenix, 2000.

Grof, S. *Beyond the Brain: Birth, Death, and Transcendence in Psychotherapy.* New York: State University of New York Press, 1985.

Haber, Ralph N. "How We Remember What We See." *Scientific American*, 105, May 1970.

Halpern, D. F. *Thought and Knowledge: An Introduction to Critical Thinking.* Hillsdale, NJ: Erlbaum, 1984.

Hampton-Turner, C. *Maps of the Mind*. New York: Collier Books, 1981.

Hearst, E. *The First Century of Experimental Psychology*. Hillsdale, NJ: Lawrence Erlbaum Associate, 1979.

Hellige, J. "Interhemispheric interaction: Models, paradigms and recent findings., In D. Ottoson (Ed.) *Duality and unity of the brain: Unified functioning and specialization of the hemispheres*. London: Macmillan Press Ltd, 1987.

Hirst, W. "Improving Memory." In M. Gazzaniga (Ed.) *Perspectives in memory research*. Cambridge, Mass.: The MIT Press, 1988.

Hooper, J., and Teresi, D. *The Three-pound Universe*. New York: Dell Publishing Co. Inc., 1986.

Howe, M. J. A. "Using Student' Notes to Examine the Role of the Indivisual Learner in Acquiring Meaningful Subject Matter." *Journal of Educational Research* **64**, 61~63.

Hunt, E., and Love, T. "How Good Can Memory Be?" In A. W. Melton and E. Martin (Eds.) *Coding Processes in Human Memory*, Washington, DC: Winston, Wiley, 1972, op.

Hunter, I. M. L. "An Exceptional Memory." *British Journal of Psychology* **68**, 155~164, 1977.

Kandel, E. R., and Schwartz, J. H. "Molecular biology of learning: Modulation of transmitter release." *Science* **218**, 433~443, 1982.

Keyes, Daniel. *The Minds of Billy Milligan*. New York: Random House, 1981; London: Bantam, 1982.

Kimble, D. P. *Biological Psychology*. New York: Holt, Rinehart and Winston Inc., 1988.

Kinsbourne, M., and Cook, J. "Generalized and lateralized effects of concurrent verbalization on a unimanual skill." *Quarterly Journal of Experimental Psychology* **23**, 341~345, 1971.

Korn, E. R. "The use of altered states of consciousness and imagery in physical and pain rehabilitation." *Journal of Mental Imagery* **7** (1), 25~34, 1983.

Kosslyn, S. M. *Ghosts in the Mind's Machine*. New York: W. W. Norton & Co., 1983.

Kosslyn, S. M. "Imagery in Learning." In M. Gazzaniga (Ed.) *Perspectives in Memory Research*. Cambridge, Mass.: The MIT Press, 1988.

Kosslyn, S. M., Ball, R. M., and Reiser, B. J. "Visual images preserve metric spatial information: Evidence from studies of image scanning." *Journal of Experimental Psychology: Human Perception and Performance* **4**, 47~60, 1978.

Kotulak, Ronald. *Inside the Brain.* Andrews McMeel Publishing, 1997.

Laberge, S. *Lucid Dreaming.* New York: Ballantine Books, 1985.

LaPorte, R. E., and **Nath, R.** "Role of performance goals in prose learning." *Journal of Educational Psychology* **68**, 260~264, 1976.

Leeds, R., Wedner, E., and **Bloch, B.** *What to say when: A guide to more effective communication.* Dubuque, Iowa: Wm. C. Brown Co. Publishers, 1988.

Loftus, E. F. *Eyewitness Testimony.* Cambridge, Mass.: Harvard University Press, 1980.

Loftus, E. F., and **Zanni, G.** "Eyewitness testimony: The influence of wording of a question." *Bulletin of the Psychonomic Society* **5**, 86~88, 1975.

Luria, A. R. *The Mind of a Mnemonist.* London: Jonathan Cape, 1969.

Madigan, S. A. "Interserial repetition and coding processes in free recall." *Journal of Verbal Learning and Verbal Behavior* **8**, 828~835, 1969.

Matlin, W. M. *Cognition.* New York: Holt, Rinehart & Winston Inc., 1989.

Mayer, R. E. *Thinking, problem solving, cognition.* New York: W. H. Freeman & Co., 1983.

Mendak, P. A. "Reading and the Art of Guessing." *Reading World* 22 (4), 346~351, May 1983.

Miller, G. A. "The magical number seven, plus or minus two: Some limits on our capacity for processing information." *Psychological Review* **63**, 81~97, 1956.

Miller, W. H. *Reading Diagnosis Kit.* West Nyack, NY: The Centre for Applied Research in Education, 1978.

Neisser, U. *Memory Observed: Remembering in Natural Contexts.* San Francisco: W. H. Freeman & Co., 1982.

Nelson, T. O. "Saving and forgetting from long-term memory." *Journal of Verbal Learning and Verbal Behavior* **10**, 568~576, 1971.

North, Vanda. *Get Ahead.* UK: Buzan Centres Ltd, 1993.

Ornstein, R. *The Psychology of Consciousness.* New York: Harcourt Brace Jovanovich, 1977.

Paivio, A. "Effects of imagery instructions and concreteness of memory pegs in a mnemonic system." *Proceedings of the 76th Annual Convention of the American Psychological Association,* 77~78, 1968.

Paivio, A. *Imagery and Verbal Processes.* New York: Holt, Rinehart & Winston Inc., 1971.

Penfield, W., and **Perot, P.** "The Brain's Record of Auditory and Visual Experience:

A Final Summary and Discussion." *Brain* **86**, 595~702.

Penfield, W., and **Roberts, L.** *Speech and Brain-Mechanisms*. Princeton, NJ: Princeton University Press, 1959.

Penry, J. *Looking at Faces and Remembering Them: A Guide to Facial Identification*. London: Elek Books, 1971, op.

Recht, D. R., and **Leslie, L.** "Effect of prior knowledge on good and poor readers' memory of text." *Journal of Educational Psychology* **80** (1), 16~20, 1988.

Reid, G. "Accelerated learning: Technical training can be fun." *Training and Development Journal* **39** (9), 24~27, 1985.

Reystak, R. M. *The Mind*. Toronto: Bantam Books, 1988.

Rickard, J. P., and **DiVesta, F. J.** *Journal of Educational Psychology* **66** (3), 354~362, 1974.

Robertson-Tchabo, E. A., **Hausman, C. P.**, and **Arenberg, D.** "A classical mnemonic for older learners: A trip that works!" In K. W. Schaie and J. Geiwitz (Eds.) *Adult development and aging*. Boston: Little, Brown & Co, 1982.

Robinson, A. D. "What you see is what you get." *Training and Development Journal* **38** (5), 34~39, 1984.

Rogers, T. B., **Kuiper, N. A.**, and **Kirker, W. S.** "Self-reference and the encoding of personal information." *Journal of Personality and Social Psychology* **35**, 677~688, 1977.

Rosenfield, I. *The Invention of Memory: A New View of the Brain*. New York: Basic Books Inc., 1988.

Rossi, E. L. *The Psychology of Mind-Body Healing: New Concepts of Therapeutic Hypnosis*. New York: W. W. Norton & Co., 1986.

Ruger, H. A., and **Bussenius, C. E.** *Memory*. New York: Teachers College Press, 1913, op.

Russell, Peter. *The Brain Book*. London: Routledge & Kegan Paul, 1966; Ark, 1984.

Schachter, S., and **Singer, J. E.** "Cognitive, social and physiological determinants of emotional state." *Psychological Review* **69**, 377~399, 1962.

Schaie, K. W., and **Geiwitz, J.** *Adult Development and Aging*. Boston: Little, Brown & Co., 1982.

Siegel, B. S. *Love, Medicine and Miracles*. New York: Harper & Row, 1986.

Skinner, B. F. *The Behavior of Organisms; An Experimental Anaysis*. New York: Appleton-Century-Crofs, 1938.

Snyder, S. H. *Drugs and Brain*. New York: W.H. Freeman & Co., 1986.

Sperling, G. A. "The information available in brief visual presentation." *Psychological Monographs* **74**, Whole No. 498, 1960.

Sperry, R. W. "Hemispheric deconnection and unity in conscious awareness." *Scientific American* **23**, 723~733, 1968.

Springer, S., and **Deutch, G.** *Left Brain, Right Brain*. New York: W. H. Freeman & Co., 1985.

Standing, Lionel. "Learning 10,000 Pictures." *Quarterly Journal of Experimental Psychology* **25**, 207~222.

Stratton, George M. "The Mnemonic Feat of the 'Shass Pollak'." *Physiological Review* **24**, 244~247.

Suzuki, S. *Nurtured by love: a new approach to education*. New York: Exposition Press, 1969.

Tart, C. T. *Altered States of Consciousness*. New York: John Wiley & Sons Inc. 1969.

Thomas, E. J. "The Variation of Memory with Time for Information Appearing During a Lecture." *Studies in Adult Education*, 57~62. April 1972.

Toffler, A. *Power Shift: knowledge, wealth and violence in the twenty first century*. London: Bantam Books, 1992.

Tulving, E. "The Effects of Presentation and Recall of Materials in Free-Recall Learning" *Journal of Verbal Learning and Verbal Behaviour* **6**, 175~184.

Van Wagenen, W., and **Herren, R.** "Surgical division of commissural pathways in the corpus callosum." *Archives of Neurology and Psychiatry* **44**, 740~759, 1940.

von Restorff, H. "Über die Wirkung von Bereichsbildungen im Spurenfeld." *Psychologische Forschung* **18**, 299~342.

Wagner, D. "Memories of Morocco: the influence of age, schooling and environment on memory." *Cognitive Psychology* **10**, 1~28, 1978.

Walsh, D. A. "Age difference in learning and memory." In D. S. Woodruff and J. E. Birren (Eds.) *Aging: Scientific perspectives and Social Issues*. Monterey, Cal: Brooks/Cole Publishing Co., 1975.

Warren, R. M., and **Warren R. P.** "Auditory illusions and confusions." *Scientific American* **223**, 30~36, 1970.

Wolford, G. "Funtion of distinct associations for paired-associate performance." *Psychological Review* **73**, 303~313. 1971.

Yates, F. A. *The Art of Memory*. London: Routledge & Kegan Paul, 1966; Ark, 1984.

Zaidel, E. "A response to Gazzaniga: Language in the right hemisphere: Convergent perspectives." *American Psychologist* **38** (5), 542~546, 1983.

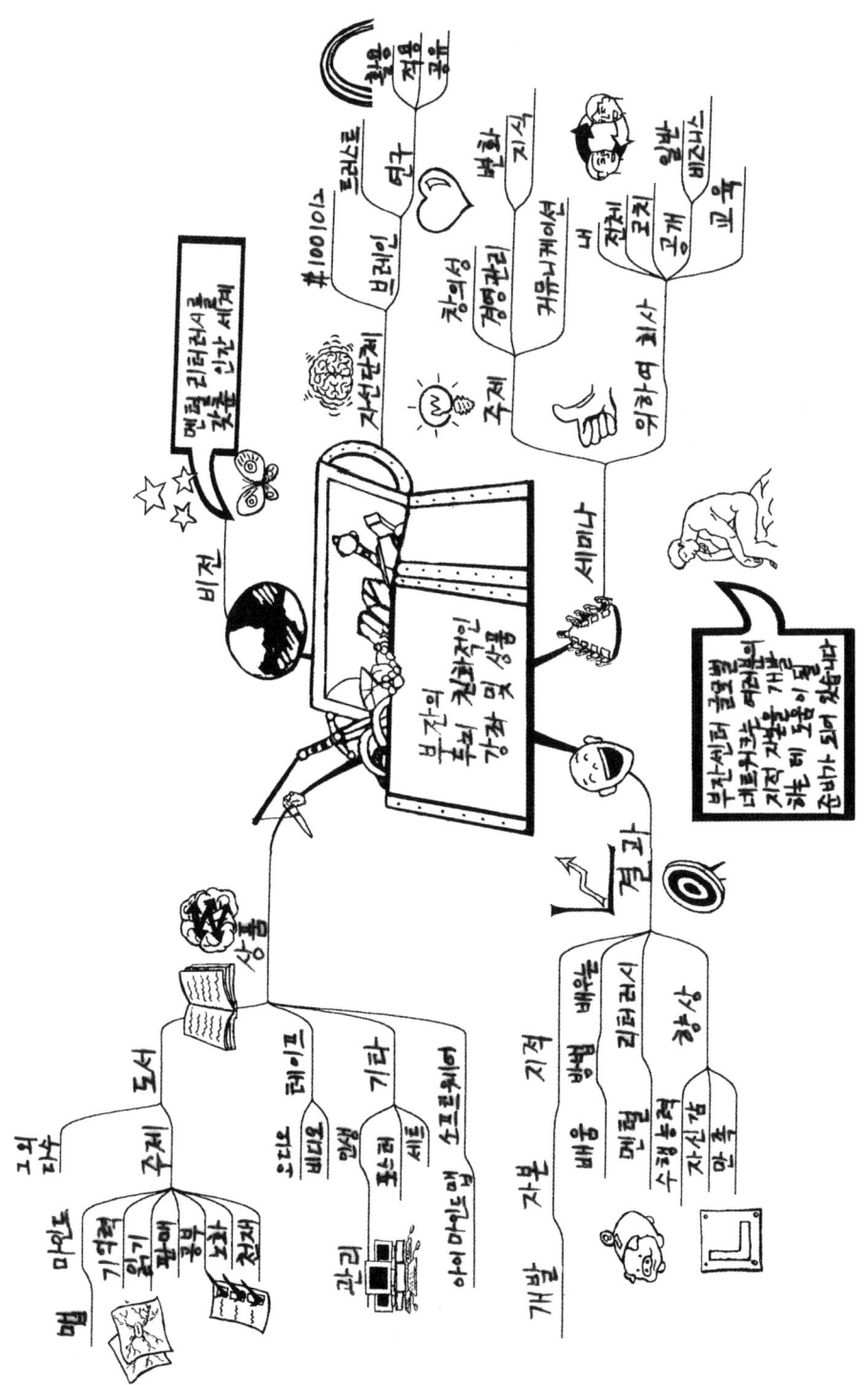

토니 부잔의 마인드맵®
암기법

초판 1쇄 발행 | 2010년 9월 9일
초판 13쇄 발행 | 2019년 8월 1일

지은이 | 토니 부잔
옮긴이 | 권봉중

주소 | 경기도 파주시 회동길 354
전화 | 031-839-6804(마케팅), 031-839-6812(편집)
팩스 | 031-839-6806

발행처 | (사)한국물가정보
등록 | 1980년 3월 29일
이메일 | booksonwed@gmail.com
홈페이지 | www.daybybook.com